东 成 十 陵

《东成十陵》编撰委员会 编

西南交通大学出版社

·成 都·

图书在版编目（CIP）数据

东成十陵/《东成十陵》编撰委员会编. -- 成都：
西南交通大学出版社，2024.5
ISBN 978-7-5643-9604-6

Ⅰ.①东… Ⅱ.①东… Ⅲ.①龙泉驿区 – 概况 Ⅳ.
①K927.14

中国国家版本馆 CIP 数据核字（2023）第 236781 号

Dongcheng Shiling

东成十陵

《东成十陵》编撰委员会　编

责 任 编 辑	吴启威
特 邀 编 辑	徐茂嘉
封 面 设 计	原谋书装
出 版 发 行	西南交通大学出版社 （四川省成都市金牛区二环路北一段 111 号 西南交通大学创新大厦 21 楼）
营 销 部 电 话	028-87600564　028-87600533
邮 政 编 码	610031
网　　　 址	http://www.xnjdcbs.com
印　　　 刷	四川玖艺呈现印刷有限公司
成 品 尺 寸	170 mm × 230 mm
印　　　 张	12.75
字　　　 数	208 千
版　　　 次	2024 年 5 月第 1 版
印　　　 次	2024 年 5 月第 1 次
书　　　 号	ISBN 978-7-5643-9604-6
定　　　 价	68.00 元

编撰委员会

执　笔　胡开全

摄　影　杜建春　嘉　楠　沈　尤　余茂智　金士廉

　　　　刘　斌　谢惠祥　徐　平　卡尔·迈当斯

　　　　（未署名照片和图片为十陵街办提供）

　　成都市龙泉驿区十陵街道面积为 27.38 平方千米，辖区具有"文化丰厚"
"交通顺畅"和"公园生态"三大优势，以及"客家""明蜀""三线""大
运"四张特色文化名片。同时，这里又是龙泉驿区承接成都向东发展的桥头堡，
得益于成都市和龙泉驿区的双重呵护，在成都市区东面成就这片热土，也有了
《东成十陵》之书名。通览全书，可知本地八次按下历史的快进键。

　　第一次，五代时期王侯将相关注。前蜀魏王王宗侃，后唐临颖郡开国公许
仁杰，后蜀宋王赵廷隐等都来卜选佳城，他们的墓志铭文采飞扬，体现了从唐
朝末年开始，中国经济文化中心南移。十陵小地方也能映照出国家历史发展的
大脉络。

　　第二次，明蜀王陵群落地。明蜀王承担着在蜀地重塑华夏正统的责任，以
僖王、昭王、成王及一些王妃为代表的数座陵寝门楼盖着绿色琉璃瓦，既不失
庄重，又与周围环境融为一体，每年的祭祀就是一次汉文化演礼，为本地植入
厚重文化。最终它们成了国家级文保单位，也成为本地的核心文化。明蜀王陵
群与青龙湖、朱熹宗祠天然结合，有条件成为成都明蜀文化中心，国家级明蜀
文化高地。

　　第三次，客家人来创业。清朝初年客家人携带原产于美洲的玉米、番薯、
马铃薯、花生等旱地农作物来创业，种植成功后又利用高产的玉米建起座座烧
坊，向成都大量供应"东山烧酒"。接着，客家人又巧妙地将从美洲引进的二
荆条辣椒在黄泥地上试种成功，销往城区，并形成著名的"海椒市"，从而确
立近代川菜味型，这是客家人对近代四川文化最突出的贡献之一，并留下创业
的基因。同时，客家人讲究"耕读传家"，在本地播下崇文重教的传统。1946
年史语所董同龢研究员，用采访家住凉水井附近卢光泉所得材料撰写的《华阳
凉水井客家话记音》，在国内和国际都有广泛影响力，让世人知道成都还有一
个"客家方言岛"，也使本地成为中国西部客家文化的发祥地。

　　第四次，共和国初期修建东风渠。党和政府科学地克服东山与城区的地势

差，利用东风渠将岷江水引上东山，解决本地缺水的问题，使农业再上一个台阶。共产党干事创业的豪情让宋诗里"锦里城东邑，高原十六乡。江流分不到，天雨降为常"成为历史。

第五次，改革开放后农村开始工业化转型。最初，本地利用地处城乡接合部的位置优势大力发展乡镇企业，后来又服从国家三线调迁政策，接纳四家军工企业，同时也使本地人口翻番，逐步实现农业向工业化转型。这些三线企业先到重庆的常规兵器基地搞军工生产，保质保量完成了建设和军品生产任务。改革开放时期实施"军转民"政策，开始为重庆的嘉陵、建设摩托车和长安汽车生产减振器、离合器、仪表、电装品等零部件。有脱险调迁政策时，他们告别山沟，来到市场交通条件更为便利的本地继续发展。随着成都城市的发展，工厂又搬迁到工业区。服务于国家大局和经济建设需要，是三线文化的核心，也成为本地的特色文化之一。

第六次，成都向东发展政策。这为本地带来规划十万亩的十陵风景区和成都大学，随着青龙湖湿地公园的惊艳亮相，市民们可以告别城市喧嚣，享受蜀成王笔下"芳草和烟暖茸茸"的意境。加上绕城、成南高速两侧各 500 米锦城绿道建设，东风渠和三环路两侧各 50 米城市绿化建设，十陵街道变为践行公园城市发展理念的典范区域，宜居宜业成为主旋律。

第七次，大运村落户。第 31 届世界大学生夏季运动会的运动员村落户，将这里推向了世界的舞台，为本地带来了新的发展契机。借势大运之机，这里的城市面貌、管理水平、生活品质发生蝶变。

第八次，功能片区开发。作为龙泉驿区六大功能区之一的"洪河-青龙湖城市片区"，被赋予了打造"三生"融合新标杆、公园城市新名片的新定位，区域开发建设蓄势待发，城市品质能级提升势在必行。

上下观古今，起伏千万途。十陵经历了从农村化向工业化，再向宜业宜居城区的风云蝶变，传承了求索进取、破旧立新的文明基因。新时代的十陵，正处于历史发展的最好时期，面临前所未有的发展机遇，在悠久文脉的传承中、在新思想新理念的指引下，正以神奇的变化书写着新历史，也必将创造出经得起时间和人民检验的新辉煌！

编　者

2022 年 8 月

目录

CONTENTS

第一章　人文十陵（上）

　　十陵街道是一个充满着浓郁人文气息的地方。地下有五代时期王侯将相的墓穴，有明代藩王的地宫；地上有崇文重教的客家文化，"备战备荒为人民"的三线文化。还有大运村所在地成都大学，成都市民非常爱来打卡休闲的青龙湖湿地公园。历史与现代交相辉映，精彩纷呈。

第一节　十陵其地

一、历史沿革

　　十陵之名，源于考古界对于明代陵墓，有"北有十三陵、南有蜀王陵"的说法。而在十陵之前，是名"石灵"，得名于传说石灵寺是石菩萨显灵的地方。再之前是名"青龙"，源自青龙埂是一处宝地，青龙为东方星宿名，即苍龙，是中国传统信奉的东方之神。古时行军以画青龙的旗帜表示东方之位。随着时代的发展，原来青龙埂一片成为成都城东明珠青龙湖，十陵街道也开始华丽转身。青龙湖的水源主要取自东风渠，湖面略高于成洛大道和十陵城区，《淮南子·天文》中有"天神之贵者，莫贵于青龙。"俗语有"山管人丁水管财"，青龙高昂，让人自然联想青龙湖水波荡漾，蕴含富贵之气。

青龙湖畔的十陵街道非常生态宜居（唐健　摄）

　　十陵街道地处成都市龙泉驿区最西北，与成华区的保和、二仙桥和龙潭三

1

街道接界，东南与本区的西河、东安、大面三街道毗邻。十陵街道行政建置和区划设立有多次变动，回溯历史上的建置沿革，时间和范围都无法精准，只能大致梳理如下：本街道古属蜀国地。周慎靓王五年（前316），即秦惠文王更元九年，秦国灭蜀，置蜀郡，本街道地域属之。秦王政二十六年（前221），秦统一天下，置36郡，蜀郡未变。汉承秦制，仍置蜀郡。汉武帝元鼎二年（前115）置成都县，本街道地域属之。隋开皇初废蜀郡，大业时又改益州为蜀郡。本街道仍为蜀郡之成都县地。唐武德元年（618）定天下，推行道、州（郡）、县制，蜀置剑南、山南、黔中三道，剑南道下置19州，益州辖成都等10县。贞观十七年（643），分成都县之东偏置蜀县，本街道地域属之。唐代久视元年末（700）分蜀县、广都县置东阳县，隶属于剑南道之益州，本街道地域亦全部划归东阳县，位于东阳县西北缘，与蜀县交界。天宝元年（742）改益州为蜀郡，改东阳县为灵池县，本街道地域属灵池县。至德二年（757），改蜀郡为成都府。乾元元年（758），因"安史之乱"，唐玄宗幸蜀，驻跸成都，蜀县更名为华阳县。宋代改道为路，以路统府、州、军、监，以府统县。蜀初设益、利、梓、夔四路。天圣四年（1026），改灵池县为灵泉县，本街道地域依然属之。嘉祐四年（1059）改益州路为成都府路，灵泉县仍属成都府路成都府。依据出土于本街道青龙村的五代前蜀乾德元年（919）《大蜀故安国奉圣功臣前黎州刺史陇西（李会）公内志铭》和乾德五年（923）《王宗侃夫妇墓志铭》可知，本街道当时的地域名为灵池县强宗乡。到北宋嘉祐七年（1062）《田世中买地券》记载，该地仍为灵泉县强宗乡。由此推知，唐宋时期，本街道地名为强宗乡。据史书记载，宋代灵泉县下有15乡（强宗乡当为15乡之一），洛带、王店、小东阳3镇。在强宗乡的西南侧，则是华阳县普安乡，大面街道东洪四组的宋墓记载那里是成都府华阳县普安乡钦仁里。

　　元代建中书省和行中书省，以省统路，以路统府（州），以府（州）统县。元世祖至元八年（1271）置四川行省于成都，为四川境内独立行省之始。至元二十二年（1285），由于宋蒙战争导致人口锐减，灵泉县由成都路下的成都府改隶府属之简州，灵泉县县制废弃。同时，原灵泉县西江河简华桥-界牌-柏合镇简华桥一线以西的地域划归华阳县，以东的地域划归简州，本街道从此归于华阳县，强宗乡的地名亦随之废弃。明朝时，本街道人口有所恢复。出土于本街道大梁村的《大明蜀僖王圹志》记载明朝时本街道地域名为积善乡。天启《成都府志》记载，明朝成都平原的腴田膏土都是蜀王府的王庄，本街道附近有多座蜀王及王妃墓，或蜀府高级官员的坟墓，想必该地在明朝时大部分土地都为蜀王府的王庄或墓园。

1981 年成都市市区图（"石灵"二字在图的右下角）

经过明末清初的战乱和虎患、饥荒等灾难，四川人口再次大量减少，清初实行了撤并州县的做法。康熙九年（1670）并华阳入成都县，本街道地属之。雍正五年（1727），复置华阳县，本街道地遂重归属于华阳县。清初，四川官府整理户籍，登记土地，各县重新分化里甲。华阳县分为六个甲，本街道地域位于三甲的范围内。嘉庆二十年（1815），华阳县编联保甲，城外东门外列仁、义、礼、智四里，本街道地域属于清末试行地方自治，始设乡镇，华阳县被划分为石羊、中和、中兴、太平、西河、隆兴 6 镇，得胜、永安、永兴 3 乡。此为西河镇成立之始，当时的西河镇除了包括今日西江河以西的西河地域外，还有大面和本街道。清宣统三年（1911），本街道镇属华阳县第八区，西河场为区署驻地。按照国民政府民国 18 年（1929）颁布的《县保卫团法草案》，和四川省政府民国 21 年（1932）年颁布的《保卫团法施行细则》，华阳县在城内设保卫团办公处，各区设办事处，华阳全县属境以原划 6 镇 3 乡为准，共计 9 区，西河镇属第八区。民国 24 年（1935），华阳县城区被划归成都市，农村置 4 个区，西河乡属第一区（驻地在隆兴镇）。民国 26 年（1937），乡改称联保，西河乡改为西河乡联保。民国 30 年（1941），又废联保设乡，西河乡辖 31 保。民国 31 年（1942），华阳县分为 6 个指导区，西河属第三区（驻地在中和镇）。

十陵街道老地名图（草图，正在优化中）

中华人民共和国成立以后，十陵街道的镇域又经过几次调整。

1950 年，本街道属华阳县第八区（驻地在龙潭寺）西河乡。同年，废除旧的乡、保、甲制，成立乡农民协会，下设农民分会和农协小组，西河乡辖 14 个分会。

1951年，隆兴乡（现成华区龙潭街道）被划为成都市郊区，第八区区公所迁到西河场。

1952年4月，华阳县西河乡一分为二，西面划出一部分，成立单独的青龙乡，辖7个村，即：青龙、农家、太平、石灵、大梁、松树、千弓，本街道从此开始单列，乡政府驻青龙埂苏海帆大院。

1953年，华阳县实行乡镇分置，青龙乡内部增设来龙、和平、双林、天平4个村。1954年8月，华阳县调整政区，撤销第八区，西河乡、青龙乡、大面镇、大面乡、洪河乡改属华阳县第三区（区公所驻大面铺）。

1956年，华阳县撤销第三区，青龙乡由县直管。

1958年10月1日，成立青龙人民公社，辖11个管区。

1959年10月31日，大面、洪河、西河、青龙4个公社从华阳县划归成都市辖，筹建新郊区。

1960年2月，国务院批准成立成都市龙泉驿区，华阳县的大面、洪河、西河、青龙4个公社正式划入龙泉驿区。

1961年2月，因与金牛区青龙人民公社重名，而境内有一座石灵寺，故更名为石灵人民公社。

人们记忆中的"石灵"，石上二字为著名书法家启功所题（杜建春 摄）

1968年7月26日，成立东风人民公社革命委员会。

1971年6月，因东风公社重名较多，引起通信混乱，更名石灵人民公社革命委员会。

1974年，因成都锅炉厂建设，石灵公社革命委员会办公地址从青龙埂搬迁至石灵寺。

1980年8月，石灵公社革命委员会更名为石灵人民公社管理委员会。

1983年12月，更名为石灵乡人民政府。

1994年10月26日，新建十陵镇人民政府，辖原石灵乡所属行政区域。

2001年12月22日，十陵镇人民政府办公地点从石灵寺搬迁至青龙村2组，即现有4层新办公楼。

十陵街道办事处（杜建春 摄）

2004年10月，撤销十陵镇，设置十陵街道办事处，辖区不变。

村、社区变更

因国营兵器工业部华川、天兴、宁江、江华四家企业，调迁于十陵，1996年元月16日，十陵镇成立场镇、和平、来龙、石灵4个居民委员会。2003年8月，成立十陵镇宁江社区居民委员会，后相继成立华川、江华、天兴社区居民委员会和涉农的石灵、双龙社区居民委员会。10月，撤销来龙、和平、场镇居民委员会。

2005 年 8 月，撤销农家、和平村建制并入来龙村，整合后名为来龙村；撤销双林村建制并入千弓村，整合后名为千弓村；撤销松树村、平桥村建制并入大梁村，整合后名为大梁村；撤销石灵村，并入石灵社区居民委员会。

2014 年 2 月，成立十陵街道友谊社区居民委员会，辖现代新居 A、B、C、D、E、F 小区。

2020 年 5 月，拆销青龙、千弓、太平村和双龙社区，组建青龙、千弓、大草坪社区居民委员会。至此，十陵街道辖 10 个社区、2 个村，即：石灵社区、青龙社区、大草坪社区、千弓社区、友谊社区、和平社区、天兴社区、华川社区、江华社区、宁江社区、大梁村、来龙村。

2015 年成都市区交通图　　2020 年十陵街道社区分布示意图，十陵现已整体融入成都城区

二、十陵村社区名字由来

石灵社区

石灵社区得名于石灵寺。解放前，一条东大路从牛市口、万年场、保和场（赖家店）、石灵寺、西河场、镇子场、万兴场到沱江，乘船从重庆出川。一条鱼背脊形上，从青龙埂分支，当地村民称"龙脉"。石灵寺便坐落在这条龙脉上，四周都能见到寺庙的建筑，两边是斜坡，坡下地势平坦，周围既有土又有田，粮食、小麦、菜蔬出产丰富。

在清朝康熙年间（1662-1722），从广东、福建、江西等迁徙而来的客家人，在石灵寺旧址发现有石头菩萨，推测此地曾经有一座寺庙，认为已经有菩萨占有此地作道场，其他民宅不能再用。众多信徒只好拿着功德簿，四处找善男信女写功德，为修庙子雕塑菩萨集资。嘉庆年间（1796-1820），在旧址修了五间大瓦房，正中三间大殿供着观音菩萨和送子娘娘菩萨，供人们烧香拜佛。大家认为是石头菩萨显灵保一方安靖，遂在重建此庙时称石灵寺。寺庙坐南向北，大门外便是东大路，西去保和场，东去西河场。由于地方比较偏僻、冷清，里面没有僧人，只有"龛师"，负责庙子平时的上油、点香、烧纸钱和清洁卫生。"龛师"每年在腊月送"灶书"，老百姓领到"灶书"后，要填上家里煮饭女人的名字，在腊月二十三的晚上，送"灶神"上天时烧掉。同时，在灶头上摆香、蜡、钱纸、供果、豆腐等"送灶神"。大年三十吃完年饭后（另外一种时间是正月初四），再进行迎灶神的仪式。

在石灵寺前的空地，地方保长每年农历二月间，请道士组织"打青醮"。这是为春耕播种准备，农民盼望有一个好收成。同时，气温回升，生疮害病增加，农民盼望少生疮害病。因此，想通过"打青醮"的祭祀活动，实现自己的愿望。五月间，请端公组织"青苗会"，为庙子菩萨积一点香、油、纸钱等。农历九月十九，组织"观音会"。这些时候石灵寺显得非常热闹，周围老百姓都要聚在这里，讨吉利，图平安，望一年的收成。

解放前，农村在"清明"前，都要做"打青醮"的祭祀活动。即要请农民先用木材做龙身，用纸扎龙头、龙尾，即龙船，龙船由三四个人抬起走。在石灵寺庙子上，请道士设道场、做法事。再由道士带队出发，一般由各保（村）长安排，到农村各大户人家，进行"打青醮"活动。一般活动的范围在石灵、青龙、太平、千弓、大梁等村巡游。

"打青醮"一年做一次，二月初开始，先要请阴阳看"黄道吉日"，确定"打青醮"的具体时间。"打青醮"的时间一般分三、五、七天，普遍是五天。结束时，又要在石灵寺做道场。道士又念经、敲乐器等，然后把纸做的龙头和龙尾，点火烧掉。龙身由于是薄板做成的，可以留下来待第二年再用。龙船的龙头上有很多用火麻做成的龙须，相传可以"避邪"。老百姓喜欢扯下来贴在自己身上，避免生疮害病。

1941年左右，此地兴办学堂，石灵寺旁边建有字库一座，专门收拾写过的废纸，学习的废书，必须要进字库才能焚烧。传说有字的纸、书，如果被人当成手纸使用后，使用的人眼睛会瞎。以前还有一块红沙条石，长约1米，30厘米见方，由石匠刻有"石灵寺"三个字，90年代还在十陵镇政府大楼的楼梯内，后来不知去向。

解放前，石灵寺没有街道也不逢场，也没有多余的房屋。在庙子对面有三间破旧的草房，是一名姓谢的村民（石灵村 5 组的谢益兴）在此处出售糍粑，人们都叫他"谢糍粑"。他向到石灵寺烧香的信徒，或是路过石灵寺，去西河场和保和场赶场的人员出售糍粑。在路上人饿了，买一点糍粑充饥——农民俗称"打尖"，也可以买一点带回去给小孩和老人吃。

1953 年，成立西河乡供销社石灵分社，选址在石灵寺，将里面的菩萨请到石灵寺以西的槐树观音庙（现成洛公路进十陵的三角广场）。60 年代，庙子因供销社改造被毁。1958 年，因青龙公社卫生院成立需要房屋，公社收购了谢兴益 3 间草房，作卫生院诊断室和治疗室，小吃店关闭。现在，石灵寺地名尚存，但知道石灵寺庙子的人渐渐少了。

后因龙泉驿区青龙公社与金牛区青龙公社同名，在商议新名字时，大家想到了"石灵"。1961 年 2 月，青龙人民公社更名石灵人民公社。

千弓社区

千弓社区得名于千弓堰。千弓堰有近 30 亩，是十陵历史上面积最大的堰塘。但汇水面积不大，水没有装满时，会露出很多河滩。"弓"是丈量土地的器具，用木制成，形状似弓，两端距离是五尺，三百六十号为一里。但千弓堰跟一千弓有什么关系，现在已经没人能够说清楚了。硬说是大小或周长也不对，因为附近属于洪河乡（现大面街道）的万弓堰明显比千弓堰更小。

青龙社区

青龙社区得名于青龙埂。青龙埂是本地最重要的一块"风水宝地"，其西侧是香花寺明蜀成王陵，东侧是大梁山（正觉山）明蜀僖王陵，中间是苏氏发迹后修建著名的苏海帆老房子，埂上原有一棵老松树。本村另一处有名的地名是凉水井，青龙村小学之前就叫凉水井小学。

1952 年 4 月，华阳县人民政府批准青龙乡从西河乡划出，成立青龙乡人民政府，征用苏海帆院宅作青龙乡乡政府所在地。现在有城东明珠青龙湖。1961年初，因龙泉驿区青龙公社与金牛区青龙公社同名而更名为石灵公社，办公地点也逐渐搬迁到石灵寺一带。

太草坪社区

太草坪社区得名于大草坪。大草坪原来是一个路口的地名。解放前，人员外出如走亲访友、上街赶场、做生意买卖等，全是步行，大草坪是东去西河场、北赶龙潭寺，西走青龙场，东北往石板滩，西北到木兰寺，西南进保和场（赖家店）的交通要道。五条路呈"大"字，路口原有一块石碑，上书"五路口大草坪"。由于此地无地名，又有数亩荒草坪，过路行人便称"大草坪"方圆几十里的人都知道大草坪这个地方。因为客家话将"在"发音为"太"，定村名时就写作了太平村，并选此处作太平村办公所在地，有供销社代销店、茶馆、理发店、医疗站等。2004 年以后，多家私营企业在此发展。周围主要有姓刘的居住为主，另有少数卢、林、张、杨氏等人员居住。2020 年 6 月，拆销太平村，成立大草坪社区。

和平社区

1953 年元月，由太平村划出一部分，即 1、2、6、7、8 组；从农家村划出一部分，即 3 组大部分和 4 组小部分；从石灵村划出一部分，即 5、6 组和 3、4 组一部分，成立了青龙公社和平大队。当时正是抗美援朝的时期，世界要和平，我们要和平，故取名"和平村"。大队所在地 8 组，利用没收地主范天杰的房屋做办公室。和平村内的自然河流原名清水沟，1975 年 10 月，全国农业学大寨改田改土，将清水沟重新规划，向南移位，最远处达 240 米，取名清水河，后改名石灵河，现定名为十陵河。源头在成华区圣灯人民塘，经龙潭丛树村流进，经过 3、2、8、1、6 组，流到石灵村 1、9 组，过大梁 7、5 组进入西河，最后汇入沱江。

后来和平村被四个军工厂征地很多，就另外将征地安置农民集中到安置小区，即平安家园一、二期居住，新组建和平社区居民委员会，原农村部分并入来龙村。

友谊社区

友谊社区得名于军工厂修建时命名了一条东西向道路叫友谊路。社区成立于 2014 年 2 月，主要以青龙湖拆迁的原青龙、千弓村农民为主，加上外来人口越来越多，为提倡团结，打破原来的农村生产队关系，遂决定使用"友谊"之名，体现了一种在新时代建设新十陵的友谊精神。

大梁村

大梁村得名于本街道最高点大梁山。原大梁山上，村小学校对面，有一株硕大的皂角树，需 3 人手牵手才能围住树干，曾经有人在树上搭临时房屋居住。此树在十陵方圆二三十里远都能看到，成为方向性的标志物，60 年代因怕雷击伤及学生被砍掉。在大梁 7 组，朱熹宗祠以北，有一株十陵现存最大的皂角树，胸径 80 公分，因成洛公路建设移植到明蜀新村一期小广场旁栽植。大梁村 1 组，邓家院子旁的路边上，有一株大皂角树，原双林村 6 组原庙子内，后为村办公室旁有一株胸径约 70 公分的皂角树，现存青龙湖内。

来龙村

来龙村得名于来龙寺。来龙寺位于来龙 3 组，离成洛公路 200 米，西距保和场 300 米的道路边，现位于三环路以外，3 组农民集中居住区处。原来龙寺并无高大的寺院，民国初期，当地佛教弟子在路边，用龙泉山上的红砂石板嵌了两个大小不一的庙子。其中：大庙宽 2 米，高 1.5 米，进深 1 米。小庙宽 1 米，高 1 米，进深 1 米，里面有红砂石雕刻的石菩萨各一座。由于地势起伏，从保和场延伸出来，经过 3 组到 2 组，像一条"龙脉"。庙子建在"龙脉"上，故取名"来龙寺"。这条"龙脉"是本地的"主龙脉"，从成都北郊凤凰山发脉，经青龙场、理工大学进入本地，再往东南方向的双林盘、二郎庙，最后朝洪河的十八梯、分水堰延伸。

第二节　明蜀文化

中国明代陵寝文化有句话叫"北有十三陵，南有蜀王陵"，十陵文化的核心就是"蜀王陵"。这是我们需要对"王坟"和"皇坟""陵园"和"寝园"正本清源，再阐述明蜀王世系特别是贤王辈出，对成都发展贡献卓越，实现了中央"大一统"的意图。明蜀文化既是中国历史上"忠贤文化"的典范，又是深刻影响本地 600 年的特色文化。结合青龙湖，特别是以僖王陵、昭王陵、成王陵，以及一些王妃墓为代表的明蜀王陵，"文化十陵"的发展方向就是成都明蜀文化中心，国家级明蜀文化高地。

一、明蜀王陵之前的墓藏

十陵街道为形胜吉壤，黄土层厚实，地界内大型墓穴众多。在明蜀王府大规模利用之前，早在五代时期已经有王宗侃、赵廷隐、许仁杰这些五代时期王侯将相的大型墓穴。由于几座墓被严重破坏，且与市政工程位置有冲突，在做完考古测量发掘后都没有保留。

王宗侃夫妻墓发掘现场照片（图片摘自网络）

（一）前蜀王宗侃夫妇墓

1997 年 9 月，青龙村砖厂取土时发现一座砖室墓，并将一墓志盖取出。龙泉驿区文物保护管理所（简称"文保所"）接报后立即派员对该墓进行了抢救性清理并实施回填保护。1998 年 6 月，成都文物考古研究所和龙泉驿区文保所又对该墓进行发掘。该墓位于十陵街道办事处东南约 500 米，北距成（都）洛（带）公路约 250 米。据墓志记载，此墓为五代前蜀皇帝王建（847—918）养子魏王王宗侃（858—923）夫妇合葬墓。

1. 墓葬概况

该墓为稍次于明蜀王陵的长方形双室券顶砖墓，墓圹平面呈横"亚"字形，为竖穴式墓坑，坑壁与墓壁相距最远 0.5 米，南、西两面坑口尚存，东、北两面被破坏，墓顶和墓壁均有不同程度的垮塌和破坏。墓室全长 20.3 米、宽 10.38 米、残高 3.98 米，墓底距地表 5.78 米。方向为北偏东 5 度，这在古人眼里就是正南北方向。东、西两墓室均由封门墙、墓室、棺床、耳室、肋拱等组成。两室之间建有长 3.78 米、宽 3.8 米、高 3.2 米的券拱式过道，过道中部又砌有一列东西向砖墙，长 3.3 米、宽 1.1 米，高及券拱顶。两室当是同时修筑，为同墓异藏的夫妇合葬墓。此墓是市区王建永陵之外的最高级别的前蜀重臣和分封亲王墓葬，与后面的赵廷隐墓一起，为复原五代时期的成都提供了重要的实物资料。

王宗侃夫妇墓平面、剖视图（摘自《成都出土历代墓铭券文图录综释》）

2．随葬器物

王宗侃夫妇合葬墓与本街道其他大墓一样历经多次盗扰，许多值钱的随葬器物已被盗，甚至棺椁也被烧毁。残存遗物有瓷器、铜器、锡器、铁器和石器等，共计63件。另有墓志2盒。分别出土于两室棺床和后壁之间，平置于墓底，上置志盖。在西室的志盖上还有一石座。东面王宗侃墓志与盖均用紫红砂石琢磨镌刻而成。志盖平面呈方形，高9厘米，盝顶式，盖顶面外沿有单栏，栏宽67厘米、长63厘米，从右至左阴刻3行12字篆书"大蜀琅琊王公魏王尚父墓志"。四刹距盖顶3厘米处有单栏，栏四角各阴刻一朵花纹，四边阴刻折线纹，四刹分别阴刻一朵大牡丹花，其四角也阴刻五朵花卉，线刻缠枝花纹，志盖底面中部略内凹。墓志近方形，长107厘米、宽106厘米、厚10厘米，志面经磨光后从右至左镌刻楷书志文63行，满行63字，全文近4000字，太中大夫、守舍人、上柱国、赐紫金鱼袋段融撰文，门吏、前蜀州团练推官、朝散大夫、检校尚书、刑部员外郎、兼侍御史、柱国、赐绯鱼袋裴光晋书。据志文，王宗侃死于前蜀乾德五年（923）七月十三日，享年66岁，乾德五年十一月六日葬于灵池县强宗乡花严里（今十陵街道青龙村）。文中详细记叙了王宗侃从雅州防御史到魏王的十余次升迁及死后赠尚父的全过程及其他重大事件，也记载了其子和女婿的有关史实，补充正史记载之不足。

大蜀琅琊王公魏王尚父墓志（摘自《成　大蜀明德夫人内志铭（摘自《成都出土
都出土历代墓铭券文图录综释》）　　　历代墓铭券文图录综释》）

　　西面明德夫人墓志及盖和东 1 墓志及盖基本相同，仅志盖四刹单栏的四角阴刻菱形纹。四刹的结构和花纹与王宗侃墓志相似，志的四个侧面各刻四朵莲花纹图案。志盖面镌刻篆书 3 行 9 字"大蜀明德夫人内志铭"。墓志铭从右至左阴刻楷书 50 行，满行 55 字，共近 3000 字。门吏、朝议郎、前守尚书、水部员外郎、柱国、赐紫金鱼袋周萼撰文，书志者也是裴光晋。据志文，明德夫人本张氏，其祖先张收乃晋时蜀郡太守，文中叙及了曾祖温、祖迁、父显的官职，并详细记叙了其三子一女婿的官职。张氏于乾德四年（922）六月二十四日死，享年 64 岁，乾德五年二月二十五日先安厝于成都县文学乡成均里南原。待魏王宗侃死后近四个月，墓葬建成，才迁至本墓室与王宗侃合葬。

　　3．生平事迹

　　王宗侃，字德怡，和五代前蜀开国皇帝王建同为许州人，本姓田，名师侃，后被王建收为假子（即养子），故改姓王。从墓志可知其生平：王建牧守利州时，王宗侃已和建共事，王建镇阆中时，与建"泊定取蜀之谋，同议开基之策"，为攻取全蜀并单独建政立下汗马功劳。唐景福二年（893），始授雅州防御史，检校右仆射。此后，统帅和指挥了攻克彭州、东川之役，历任左厢马步使、眉州保胜军团练使、检校太尉兼侍中等职。天复七年（907）九月，王建称帝建蜀时（史称前蜀），"制命公守太保兼侍中，军城内外都指挥使。"此后，曾任东北面都招讨使，北路行营东、西两面都统等职，征伐李茂贞，"都统全军，两攻寇逆，收秦取凤，皆效殊勋，料敌运筹，往无不克"。王建驾崩之年（918），除授兴元节度使，检校太师兼中书令，进封乐安王。乾德元年（919）正月，加赐扶天佐命匡圣保国功臣，准于私第立戟门。乾德二年（920）拜王宗侃守侍中，封魏王，修奉太庙使、弘文馆大学士、判度支，食邑达到一万四千户。乾德五年（923）七月十三日"薨于龙池坊之私第，享年六十有六"。前蜀后主王衍（899—926）"遂辍朝七日，皇帝及太后、太妃亲临奠丧、躬身吊祭，将相王侯，文武百官，九品已（以）上在京者，并就公宅申吊"。"就宅册命赠尚父，梁雍秦三州牧，谥曰'景武'。"

　　王宗侃在正史中无传，文献记载极少，但墓志洋洋数千言，不但可察其生平，也可校正和补充史载之不足。首先，王宗侃受封的官职和唐代官爵制度是相同的，说明五代前蜀的官爵制度全部继承唐代旧制。其次，墓志中记录对建立前蜀政权有重大意义的"克彭州之役"始于乾宁四年（897）二月，而司马光《资治通鉴》卷二五九记载为景福元年（892）二月，比实际时间晚了5年。又如，墓志较为详细地介绍了其子王承绰、承肇、承遵，女婿顾在珣的情况，特别是次子王承肇、女婿顾在珣乃前蜀重臣，深得后主王衍的器重，其历史活动应在五代史中占有重要的地位。其他相应的典章制度、礼仪习俗、政治军事、文化意识和地理沿革等，也是成都重要的地方史料。

（二）后蜀宋王赵廷隐墓

　　2011年4月30日，历经5个多月的考古发掘，坐落于青龙村1组的大型竖穴砖室墓，即五代后蜀宋王赵廷隐墓，在沉睡千年后，终于清晰完整地重见天日。该墓葬主体为一个长15米、宽18米的大型墓室，内壁全彩绘，仍可见模糊的凤鸟、卷云图案。出土文物中，有一块确定墓主人身份的近3000字的墓志铭。且除不少陶俑鎏金外，还有10多件全彩绘的伎乐俑组合，组成了一支完整的宫廷乐队，展现了达官贵人家中歌舞升平之乐，是迄今为止西南地区发现的最为精美的陶质伎乐俑组合，堪称五代时期最珍贵的历史文物之一。

1. 墓藏出土情况

赵廷隐墓的发掘现场（摘自网络）

一路下台阶，经过一条长 20 米的墓道后，一座高大的砖砌拱形墓门呈现在眼前。该墓室总面积达 270 平方米，为"三室一厅"格局，大厅中央，是一座长约 7 米、宽约 3 米的棺台，陈列主人棺木；两耳室加一后室，陈列着大量神态各异的随葬品。

右耳室门口，两侧各一个 1.4 米高的陶制武士俑。门右侧的武士，帽子褶皱处依稀有鎏金痕迹。与右耳室不同，左耳室的"把门"俑为一鸡一狗。100 多件随葬品，大多在耳室和后室出土。墓室共出土提梁壶等陶瓷器 40 多件，以及部分还做了描金处理 50 多件彩绘陶俑，各种文官俑、武士俑、伎乐俑、神怪俑大小不一，身高从 0.5~1.4 米不等。

在主室与甬道台阶处，发现 1 米长、宽的后蜀宋王赵廷隐墓志。里面详细记载了赵廷隐的出生地、经历、生卒年份，以及其家眷情况。赵廷隐是后蜀举足轻重的历史人物，官至三公之太尉，位极人臣。他有 3 位夫人、3 个儿子和 7 个女儿。其中，长子赵崇祚系将《花间集》集结成册的编著者。特别是关于赵廷隐出生于甘肃天水的记载，修正了史书上"河南开封人"一说。

2. 重大发现

虽多有盗墓者侵扰，但幸运的是，自第一次被盗后，墓室的十字穹顶便整体垮塌，大量随葬品得以留存。在上百件随葬品中，10 多个彩绘陶质伎乐俑手执各种乐器，在后室一字排开。这是迄今为止西南地区发现最为精美的陶质伎乐俑组合。比起前蜀国王建墓出土的伎乐俑还要精美，显示五代时期成都匠人技艺在不断进步。陶俑个体独立的同时，整体又组建成一个完整的乐队，展示了当时成都上层人士高雅的生活情趣。堪称五代时期至今最珍贵的历史文物之一。部分陶俑穿着外域风格的服饰，为当时的中外文化交流提供了佐证。

而在主室与后室间，有一个长 1.2 米、宽 1 米、高 0.3 米的微缩版陶质庭院。卧室、厢房等一应俱全，错落有致。在庭院中，考古人员发现了墓主人的坐像。墓主人身着红色官服，神态自若，笑容可掬。在他周围，是 5 个站立的服侍俑。这种格局，极有可能模仿墓主生前的居所制成。

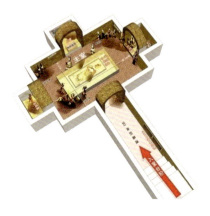

赵廷隐墓内部结构示意图（制图 杨仕成、姜宣凭）

赵廷隐墓气势宏阔，随葬品极为丰富，显示主人显赫的地位和生前的奢侈生活。同时也见证着战争过后，蜀地经济的恢复和发展，虽是贵族的生活情景，却也可见当时社会生产力的发展水平。

赵廷隐墓武士俑头像

赵廷隐墓出土的伎乐俑

（三）许仁杰墓志铭

2003 年 7 月，许仁杰墓碑出土于十陵镇双桥村五代砖室墓内，墓室没有保留，因此仅就墓志铭做些介绍。碑刻于后唐天成二年（927）间。碑呈方形，分碑盖、碑身，红砂石材，长 68.5 厘米，宽 68.5 厘米。碑盖呈盝形，四刹分别线刻一朵菊花，盖顶线刻双栏边框，其中篆刻 3 行 9 字书，共 9 字：故临颖郡许公墓志铭。碑身保存较完整，楷书、左行共 32 行。墓主许仁杰唐中和四年（884）十月十七日生于京兆府（今西安市）长安县，卒于天成二年（927），年仅 43 岁。葬于成都府华阳县普安乡白土里东山（今龙泉驿区十陵街道双桥村）。其父许宗播为前武德军节度、梓绵龙剑普等州观察处置等使，开府仪同三司，检校太师，兼中书令、梓州刺史，封临颖王，食邑九千户，食实封三百户，赠太师，谥忠广。许仁杰是以父荫而获高官，即文中所说的"承家立国"。

志盖：故临颖郡许公墓志铭

该墓志铭撰稿者水平高，文采飞扬，代表了当时有大量北方的人才集中于成都，标志着唐末中国经济文化中心南移。另外，碑文中所述宋代的地名为"成都府华阳县普安乡白土里"，这与南面大面街道东洪社区四组同乡，说明十陵街道全境当时并不完全属于灵池县，有一部分属于华阳县。下面是全文。

【首题】大唐故金紫光禄大夫、检校兵部尚书、使持节、维州诸军事守、维州刺史兼御史大夫、上柱国、旧蜀明忠秉义彰勇功臣、右神麾军使、开府仪同三司、检校太尉、前守绵州刺史、上柱国、临颖郡开国公、食邑一千五百户、许公墓志铭并序。

门吏、前东川观风判官、朝散大夫、检校尚书、刑部郎中、兼侍御史、柱国、赐紫金鱼袋、毛文庆撰。

【志文】

君子有生符间气，出显奇才，武洞兵机，文通儒术，资忠佐国，履孝承家，贵袭鼎钟，庆传诗礼，荣华相继，终始周逾。生既有闻，死当不朽，于斯善也，不其伟欤。公讳仁杰，字贯仪，京兆长安人也，高阳茂族，临颖华宗，让尧之芳躅，惟新仕晋之嘉猷。不既则有长须，显誉多力驰名。或孝感迥通，或阴阳洞晓，穷典坟之奥义，抚昆弟之深仁。子将闻月旦之评，玄度得天然之宝，固亦源流自远，系谱相寻。宁俟繁书并光信史，兼是十美编于本枝，略而言之，固是称矣。曾祖讳元甫，祖讳虔楚，考讳宗播，维嵩协瑞，隐昂腾英，燕颔标奇，虬须表异，风后五图之要本，自生知武侯八阵之微素。推天授控赤羽，而曾衔石虎，挺青萍而尝截水犀，潜资七德之文盛，佐三分之业，荣匡霸主，显立殊勋。传家以仁孝为先，许国以公忠是务，隆于后裔，憬彼前备，信重山河，名光竹帛。蜀扶天佐命、忠烈功臣、前武德军节度、梓绵龙剑普等州观察处置等使、开府仪同三司、检校太师、兼中书令、梓州刺史、临颖王、食邑九千户、食实封三百户、赠太师、谥忠广。公有子六人，公即第三也。公嵇躯落落，张貌堂堂，谷云之笔札，兼能郊毂之诗书，具美国华时彦。公子王孙缞登弱冠之年，便起雄飞之志，其诸茂实，此不繁书，并在外志标纪。公以唐中和四年十月十七日，生于京兆府长安县，即以天成二年太岁丁亥十二月戊寅朔十六日癸巳，薨于维州郡舍，享年四十有四。人情痛惜，物论悲伤，知者辍春，闻之罢市，护丧到府，奠祭盈门。平素交游，内外亲族，吊赙皆至，哀荣以光。公识量深沉，神机博达，大事能断，长谋凤成，承荫袭于当年，分宠荣于圣日，加以依仁游艺，好士礼贤，庾亮楼中不辜风月，孟尝门下长设车鱼，非熊而早庆玉璜，骥马而曾华金埒。累提郡印，频绾兵符，弈世功名，毕生富贵。恨春秋之正盛，痛金石之不坚永，叹逝川堪惊摧岳。公之母，晋国太夫人李氏，以星沉家宝，天丧国桢，谁吟陟岵之诗，翻诵及泉之赋，以至金昆玉季，孺角童龄，共感浮生，咸增罔极。今则卜择告吉，封树叶宜，缅彼佳城奄之幽室。

即以三年岁次戊子正月戊申朔二十五日壬申，葬于成都府华阳县普安乡白土里东山礼也。命妇瑯瑯郡夫人王氏，义深齐体，情极厥躬，顾偕老以无期，誓未亡而有节。男伯通、伯遇，女唐五等，每闻庭训，具禀门风，庶光必复之征，冀荷不孤之美。愚也幸依门馆，得撰志文，多谢纵横诇殚祖述，恭副挥毫之请，贵伸执绋之诚，既属辞焉，乃为铭曰：

伊公子分冠时英，履忠孝分尽平生，经文纬武分驰嘉名，承家立国分蔼余声，钟鸣鼎食分庆传荣，善始令终分谁与京。表归真于此室，庶勒石以为铭。

二、明蜀文化

青龙湖畔的明蜀王陵博物馆大体恢复了王坟的格局（刘斌 摄）

（一）东山上的王坟

东山因位于成都城区沙河以东，地势较高，岷江水无法自然到达，干旱缺水造成历史名胜稀少。村民习惯称那种高大的土冢为"皇坟"，更传说古代皇帝为防盗墓，要为自己造很多疑冢，所以东山上就有很多皇坟。而皇坟里面则布满暗箭毒气等重重机关，不能轻易去破坏和挖掘。事实上村民口中的"皇坟"，是明朝蜀王府十几位藩王的寝园，应该叫"王坟"。后来因为这些明蜀王陵群数量多，精美程度高，1996年被公布为国家级重点文物保护单位。但它们经历明末战乱及之后盗墓者的多次破坏，现在仅能粗略勾勒其地面和地下的情况。"陵"本是帝王专用，明蜀藩王的墓，在明朝规制里只能称墓园或寝园，到民国开始滥用"陵"并成了习惯，并上升为国保单位的正式名称，本书也只能遵俗称"陵"。

　　东山历史上黄土丰厚，大股小股地脉纵横，在明朝末期从美洲引进玉米、番薯、马铃薯、花生四大旱地农作物之前，开垦条件不佳，于是东山曾大量被成都人选作墓地。明朝第七位蜀王惠王朱申凿（1459—1493）[①]，踏勘时曾写《秋日东郊作》诗赞叹："郊园雨过初晴霁，闲看松篁孰为栽……烟收青嶂才方见，菊向秋风独自开"。明蜀惠王之孙成王朱让栩去祭奠其父昭王朱宾瀚时，曾作《东郊谒奠先考寝园有感而作》，其中有"阳春淑气景相催，晓出城闉远界开。草木含光行里见，松楸郁秀望中来。"这两首诗都提到东山上比较罕见的松树，恰好惠王陵和昭王陵附近都有个"松树村"，这个很有意思。因为同区县的村不能重名，惠王陵这边的洪河乡松树村遂改名为三桥村，后来成了东洪社区。十陵街道这边保留松树村之名，后来并入了大梁村。

　　下面先以廖家湾惠王陵来叙述陵寝的地面情况。廖家湾得名，源于廖姓在"湖广填四川"移民潮中先期抵达本地，利用当时的"插占"政策，占据了这一向东开口的"U"字型小湾，遂取名廖家湾。但后来廖家人丁并不兴旺，这一地块逐渐被胡姓所占据作为基业，并种植了大片梨树，建起自己的祖坟和蒸尝堰，遂称廖家湾胡家梨儿园。胡家梨儿园在清末和民国时很有名，这里的梨摘下来后送到东门香巷子儿家铺子，放两天后，梨儿的香气发散，自然吸引顾客购买，香巷子也因此得名。廖家湾南面向东延伸这支地脉比较雄健，且朝南的王坟坝平坦开阔，有十二处土丘像文武大臣一般向北作朝拜状，是一处风水宝地。当年的惠王陵按照明朝规制，围墙以内总面积约 60 亩，树木繁茂。最南边是解马廊，后世子孙前来谒陵时，无论骑马坐轿都要先在这里落地，端整仪容。此解马廊后来演变为最早的半边街雏形。从解马廊进入陵区，往北沿一条神道拾阶而上，在陵前还有一道门，建筑全部使用明朝皇木——楠木修建。陵寝是地宫，上面有土堆。最背面的围墙到了离墓室百米多的梨园土埂，土埂上现在还残存很多石灰和瓦屑。整座陵墓处于当地的最高点，气势恢宏，当年

---

　　① "凿"原为"鑿"，朱元璋规定后世子孙名字要有五行作偏旁，"申"字辈需带"金"。

21

在东大路上远远就能望见，是东大路上的一景。

王坟坝意境图（此为杨秀琼绘《龙泉古驿道图》的局部）

惠王陵在明末被张献忠部队捣毁。他们在洗劫墓室财物时，将地宫门口的圹志当作玉石带走，但拉到东面二里多后，又遗弃，留下个"玉石碑"的地名，后世村民曾利用此碑建立过斗坛（又称斗母坛，是民间的北斗信仰，属于道教范畴，传说北斗掌管人的祸福、寿缘、病患）。之后的清朝和民国，各路人等都来沾皇家风水，纷纷在王坟周围埋葬先人，遂形成一处比较大的"棺山"，东面坡下的池塘也被命名为"棺山堰"。此棺山在20世纪60、70年代被开辟为耕地（所挖金银珠宝装了几挑，都卖到当时的文物公司），又恢复成惠王陵一座孤坟矗立的状态。当然，此时的惠王陵已经失去原来的盛况，所有配套工程荡然无存。即便是土冢，由于雨水冲刷，加之当年修水渠时先将坟周围的石圈结构拆除，然后又挖走很多修建墓室的灰砖，生产队用来修了几间仓房，成都三砖厂还曾来取土做实验，使得现在的土冢比最初规模要小很多，但墓室一直没有正式发掘。将来拟建一座廖家湾惠王陵公园，与北面的青龙湖明蜀王陵博物馆遥相呼应。

明蜀王府琉璃绿釉朵云五爪龙
戏珠纹滴水瓦

明洪武蜀王府琉璃绿釉朵云凤凰纹
滴水瓦

这里再以第三位明蜀王僖王朱友壎（1409—1434）的陵叙述一下"王坟"地宫的情况。明蜀僖王陵，位于十陵大梁村 8 组，即成洛公路以南 600 米大梁山上。1976 年因修原石灵中学校被发现，当初发现者初次从盗洞进入时，地宫被水浸泡齐腰深，装饰件金碧辉煌，琉璃瓦呈宝石光泽。1978 年，成都市考古队清理发掘时出彩釉兵马俑、舞乐俑、燔炉等珍贵文物五百余件，现存成都市博物馆。1980 年 7 月，被四川省人民政府核定公布为省级文物保护单位，1984 年被载入《中国名胜词典》和《中国历史文化名城词典》。1996 年，随明蜀王陵群一起被国务院公布为第四批全国重点文物保护单位。明蜀僖王陵，是一座规模宏大，装饰华丽的地下宫殿，以石、砖、琉璃构件仿当年蜀王府（俗称成都皇城）地面宫殿形式建造，呈三重殿、三进四合院布局。营造于明宣德十年（1435），地宫全长 28 米、宽 8.96 米、高 6.59 米，墓底距地面埋深 9 米。墓室坐东北向西南（艮山坤向），纵列砖拱券之下，前为八字门墙，依次为大门、甬道、前殿、前庭、中殿、中庭、后殿、后庭、棺室，俨然是天府广场北侧明蜀王的微缩版。甬道及前庭、中庭的侧建厢房，棺室两边有耳室大门为双扇石门，宽 2.426 米，高 2.955 米，厚 0.15 米，皆版门式样。大门上横竖九九 81 颗门钉，地宫入口处是一尊保存完好的石碑，上面七个优美的篆字"大明蜀僖王圹志"竖刻在碑额之上，碑文的字体隽永刚劲；石碑上的五爪神龙代表着皇权。整个墓室为石仿木结构，绿色琉璃筒瓦大屋顶，绿色琉璃单抄单昂五铺作斗拱出槽。刻地狱、立颊、腰华、障水、抹头、格眼以及花窗图案。石壁均撰成上窗下墙式样，阑额、欢门浮雕莲荷、缠枝牡丹及多种花卉图案。置燔炉，前庭有排列兵马俑仪仗，中庭设祭案、拜台。棺室施石板水平轩顶，浮雕彩绘八瓣莲花，镌刻罐、轮、花、螺、鱼、伞、胀、盖等佛教八宝，花心浮雕缠枝、葵菊、百合、牡丹、祥云、莲花等仙佛图语。紧靠后经墙砌建石质棺床，在中央位有长方形土槽及其敷在槽内的泥土，安放木棺椁，象征风水下接地气，人亡入土为安，灵魂从阳间由此通往阴间。僖王遗骸安卧棺台上，保存完整，据测身高为 1.80 米至 1.85 米。棺木系高级楠木制作，至今保存大部分。棺室后壁中心镶嵌双龙戏珠描金彩陶盘，雕刻精美，堪称明代艺术精品。僖王陵拥有"中国古代帝王陵最精美的地下宫殿"盛誉，在明蜀王陵中最具有建筑艺术特色的代表性。20 世纪 80 年代中后期，省、市、区、乡拨款 20 余万元，征地 8 亩修建保护围墙、仿古式大门，路口建一座庑殿式黄色琉璃筒瓦，顶凤凰百斗窝照额，四柱三开间标志牌坊。后又发掘次妃墓，太监墓，加上搬迁而来的昭王陵，待发掘的成王陵，规模效益明显，遂在此处成立明蜀王陵博物馆。

明蜀王陵博物馆（杜建春 摄）

现已发现的还有明蜀昭王陵，原位于原洪河镇白鹤村，距僖王陵南 3.5 千米。1991 年 11 月，因成渝高速公路建设时被发现。经发掘清理，确证为明蜀昭王朱宾瀚（1480－1508）夫妻合葬墓。由于券拱上盖尽毁，残壁和墓底尚存，出土多件彩色俑及其他冥器、圹志残石等，其规制与雕镂工艺、随葬物品，均不逊明蜀僖王陵。1992 年，四川省成渝高速公路建设指挥部拨专款迁建于大梁山，僖王陵后侧复原，供人们参观游览。前庭置有石方柱，上雕双龙，龙头为鹰钩鼻，马脸像，形似明太祖朱元璋，下是祥云奔腾，整个陵墓被毁，唯独双龙祥云盘保存完好。

明蜀成王陵是一座夫妻合葬墓，是十陵明蜀王陵中最大的一个。20 世纪50 年代修建东风渠，曾试图炸开陵园从中而过。后因陵园面积大，土质以石灰与黄泥混合物夯实，陵墓砖石结构，坚固异常，东风渠只好绕园而过。2003 年12 月，纳入青龙湖植绿工程范畴，种植了一片小银杏树。地宫尚未发掘开放，青龙湖还有惊喜待呈现。

在明代藩府中，蜀府是唯一长期独占一省的藩府。洪武十八年（1385），景川侯曹震奉明太祖朱元璋"蜀之为邦，在西南一隅，羌戎所瞻仰，非壮丽无以示威仪"之谕，赴成都，将汉、唐、前蜀、后蜀留存下来的成都子城改建为蜀王府。洪武二十三年（1390），朱椿（1371—1423）正式"之国"。从此，壮丽的蜀王府（如今的天府广场及其北面）成为西南地区的文化地标。

明蜀王共传**10代13任**，排行为：**悦友申宾让，承宣奉至平，懋进深滋益，端居务穆清**
第一任：**献王**朱椿（1371－1423），1378-1423年在任
第二任：献王孙**靖王**朱友堉（1406－1431），1424-1431年在任
第三任：靖王弟**僖王**朱友壎（1409－1434）由罗江郡王嗣，1432-1434年在任
第四任：献王第五子**和王**朱悦𤊴（1396－1461）由保宁郡王嗣，1435-1461年在任
第五任：和王子**定王**朱友垓（1420－1463），1463年在任
第六任：定王子**怀王**朱申鈘（1448－1471），1464-1471年在任
第七任：怀王弟**惠王**朱申鑿（1459－1493），由通江郡王嗣，1472-1493年在任
第八任：惠王子**昭王**朱宾瀚（1480－1508），1494-1508年在任
第九任：昭王子**成王**朱让栩（1500－1548），1510-1548年在任
第十任：成王子**康王**朱承爚（1524－1558），1549-1558年在任
第十一任：康王子**端王**朱宣圻（1545－1612），1560-1612年在任
第十二任：端王子**恭王**朱奉铨（1568－1631），1615－1631年在任
第十三任：恭王子**末代蜀王**朱至澍（1586-1644），1632-1644年在任

明蜀王排行及世系（胡开全 制）

蜀府从第一任蜀王朱椿始，到末代朱至澍在张献忠（1606—1647）攻破成都后投水自杀，共历十世十三王，留下 13 座（末代朱至澍没有墓，但初代世子朱悦燫的墓与藩王墓规模相当）规模宏大的地下墓室。

第一任献王（谥号"献"的含义：聪明睿智）朱椿享年 53 岁（1371—1423），在任 45 年（1378—1423，实际"之国"是从 1390 年始）。有《献园睿制集》存世，葬成都冶北天回左山。悼庄世子朱悦燫（1388-1409）墓室宏大精美，在成都县北威凤山，今金牛区凤凰山。

第二任靖王（谥号"靖"的含义：恭己鲜言）朱友堉享年 26 岁（1406—1431），在任 7 年（1424—1431），葬成都冶北天回山。

第三任僖王（谥号"僖"的含义：小心畏忌）朱友壎享年 26 岁（1409—1434），在任 2 年（1432—1434），葬华阳县治东北三十里正觉山，即十陵街道青龙湖畔。

第四任和王（谥号"和"的含义：不刚不柔）朱悦𤊴享年 66 岁（1396—

1461），在任 26 年（1435—1461），葬华阳县东金华山，今天府新区籍田镇。

第五任定王（谥号"定"的含义：纯行不爽）朱友垓享年 44 岁（1420—1463），在任 1 年（1463），有《定园睿制集》存世，葬仁寿县东溪山。

第六任怀王（谥号"怀"的含义：慈仁短折）朱申钺享年 24 岁（1448—1471），在任 7 年（1464—1471），有《怀园睿制集》存世，葬华阳县治东二十里东景右山，今锦江区三圣街道成龙大道下。

第七任惠王（谥号"惠"的含义：柔质慈民）朱申凿享年 35 岁（1459—1493），在任 21 年（1472—1493），有《惠园睿制集》存世，葬华阳县治东北三十里芳山，今龙泉驿区大面街道东洪社区。

第八任昭王（谥号"昭"的含义：容仪恭美）朱宾瀚享年 29 岁（1480—1508），在任 14 年（1494—1508），葬华阳县治东二十里东山，今迁到青龙湖畔。

第九任成王（谥号"成"的含义：安民立政。这是藩王谥号中层次最高的）朱让栩享年 49 岁（1500?—1548），在任 38 年（1510—1548），有《长春竞辰稿》《适庵韵对》《大川对类》存世，上赐"忠孝贤良"坊，葬华阳县春明山，今青龙湖西侧。

第十任康王（谥号"康"的含义：温柔好乐）朱承爚享年约 33 岁（1526—1558），在任 9 年（1549—1558），葬华阳治东永秀山。

第十一任端王（谥号"端"的含义：守礼执义）朱宣圻享年约 68 岁（1545—1612），在任 52 年（1560—1612），记载有《端园睿制集》，敕赐"忠贤懋著"坊，葬华阳治东十五里毓灵山，现怀疑为锦江区潘家沟王坟。

第十二任恭王（谥号"恭"的含义：敬顺事上）朱奉铨享年约 64 岁（1568—1631），在任 16 年（1615—1631），葬地无考。

第十三任朱至澍享年约 59 岁（1586-1664），任蜀王时间为 1632—1644，在张献忠（1606—1647）攻破成都后投水自杀。

蜀王中在任时间低于 10 年的有五位，分别是靖王、僖王、定王、怀王、康王。拥有"贤王"称号的共五位，分别是：制定"礼教化一方"政策，并创建"献王家范"，被朱棣称为"盖宗室为最贤"的献王朱椿。在弘治初年四川遇到灾荒时愿意借钱赈灾，被朝廷表彰的惠王朱申凿。被明孝宗写诗称赞为"吾宗亦自有贤王"的昭王朱宾瀚（明孝宗在位期间经历了蜀惠王和蜀昭王，加之声名最盛的蜀献王，《明史》中有其"恒称蜀多贤王，举献王家范为诸宗法"的记载）。因"忠敬慈和，孝友敦睦，德性明粹，问学渊涵。长于文翰，著作甚富"，而获赐"忠孝贤良"坊的成王朱让栩。因"事神爱民，蜀人瞻仰。每遇旱旸，步祷。辄两捐料价，以营宗学。助饷征蛮，发帑赈荒"而获赐"忠贤懋著"坊的端王朱宣圻。蜀府五位"贤王"秉承"忠孝为藩"的理念，总计在任时间长达 170 年，占 13 任蜀王总任职时间的三分之二，有力地保证了蜀府家风的一以贯之，在西南地区树立了富而不骄、施恩于民的"礼乐风范"。在国家和平时期较好地恪守藩职，成为我国历史上最为贤能的藩王群体。

（二）蜀僖王陵

蜀僖王陵位于大梁村，在市中心以东约 14.5 千米处。此墓位于大梁山南麓，明代称之为"正觉山"。南面为一片开阔地，东西两翼有山丘环抱。因历史变迁，陵园地面楠木材质的建筑已不复存在。

1979 年 10 月，为配合基本建设，成都市文物管理处考古组对其进行了发掘清理，历时 2 个月。

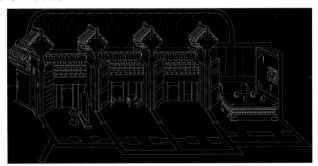

僖王陵地宫立体图（摘自《成都出土历代墓铭券文图录综释》）

1. 陵宫的形制与结构

陵园平面呈长方形，南北长约 275、东西宽约 120 米。围墙厚约 1.5 米。园内中轴线上仍残存建筑遗迹，并散见琉璃建筑构件。

地宫位于陵园中后部，已遭盗掘。平面呈长方形，底部距地表深 8.91 米。朝向为南偏西 50 度。地宫由两个砖筑的纵列式筒拱券构成，全长 27.8 米，室内高 5.8 米、最宽 6.14 米。室内有仿木结构琉璃建筑，地面铺石板，其中两侧石板还下斜成沟。每道门地栿之下均设排水沟，沟内放木炭。大门外砌一堵金刚墙用以封门，高 3.95 米、宽 2.8~5.2 米、厚 2.3 米。其外右侧有一斜坡工程便道，宽 1.4 米、长约 3.8 米。拱券用长 38.5 米、宽 20 米、厚 8-9 厘米的青砖砌筑，以石灰膏泥和铁砂合缝，五券五伏。绿色琉璃瓦为明代藩府的专用色，加上红墙、贴金或描金装饰，地宫原来的色彩富丽堂皇。

僖王陵地宫八字墙（余茂智 摄）

地宫入口由八字墙、门、门楼组成，高 4.1 米。石门地栿上所安立颊，与两边的圆形门柱同为一石。门额长 2.68 米、宽 0.26 米、厚 0.07 米。阑额上绘有菱形几何纹彩色簸头。门高 2.62 米、宽 1.2 米、厚 0.14 米。上髹朱漆，正面雕刻九排各 9 个圆泡形门钉。门上安装铁质门铰和门锁，门底垫有铁楔，门内用方形条石抵门，此机关俗称"断龙石"，闭门后从外面轻易无法打开。

门楼高 1.03 米，庑殿式。阑额上装 10 朵斗拱，均为五铺作重拱单抄单下昂计心造，每朵斗拱高 27.5、宽 29.5、间距 34 厘米。门楼顶部盖有龙纹勾头筒瓦和龙纹滴水板瓦，正脊上扣筒瓦，下嵌莲纹琉璃浮雕，正面饰缠枝牡丹雕塑，两端各安一吻兽，左右垂脊上均装一垂兽，门楼四周空隙处用砖横砌封堵。

八字墙位于大门外左右两侧，墙体中间青砖，墙面刷石灰浆，边缘砌琉璃砖。顶由一斗三升绿釉琉璃斗棋承托，当头和滴水均饰浮雕龙纹。

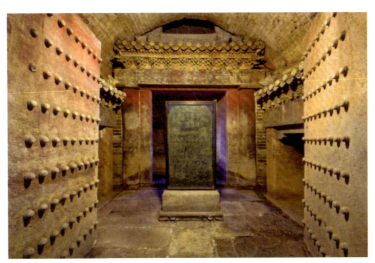

僖王陵前庭（余茂智 摄）

前庭位于大门之内，长 3.74 米、宽 5.56 米、高 4.65 米。室内铺地的石板除中轴线纵向铺一行外，其余均横向错缝平铺。前庭中部立一长方形石墓志。墓志前有一红砂石（当为东山上的石材，质地不及青石坚固）香炉，上雕刻精美纹饰。前庭东西两侧各有一间厢房，形制相同，硬山式顶。石额枋上绘彩色箍头，额枋下面有一石欢门，上饰黑色缠枝灵芝纹浅浮雕。额枋之上安一斗三升绿色琉璃斗棋。

前殿形制为庑殿式，面阔 6.12 米。其顶部有一个约 1 平方米的盗洞，位置刚好越过门梁，使得盗墓者能以最省力的方式进入主厅。前殿大门内东西两侧各加一堵窄窄的砖墙，仿木建筑直接作在阑额上。殿门形制与前庭大门近似，只是门板上未雕刻门钉。此门前后两面的阑额上均有 10 朵斗拱，为五铺作重棋单抄单下昂计心造。

正庭长 6.6 米、宽 6.14 米、高 5.1 米。有东西厢房，为硬山式仿木琉璃建筑，三开间，正中架设欢门。其中，长方形内柱、檐柱、方形槏柱同雕于一石，其上承托着长 5.17 米、宽 0.94 米、厚 0.38 米的石板屋顶。阑额上有 14 朵五铺作绿釉琉璃斗拱。次间的檐柱内侧安装立颊，其内有双扇石质假窗门，门的上部浅浮雕四叶形菱花，华版和障水版上饰缠枝卷草纹。正庭内左右两侧出土了大量的陶俑。

正殿为庑殿式仿木琉璃建筑，高 4.24 米、面阔 6.13 米。阑额上饰朵花纹、菱形纹彩色箍头，上有 12 朵五铺作绿釉琉璃斗棋。正脊长 2.27 米、高 0.3 米、宽 0.2 米，上塑缠枝牡丹、莲花等。立颊内装双扇石板门，每门高 2.57、宽 1.21 米、厚 0.125 米。门的纹饰与正庭内厢房的窗门图案近似。窗户安装在门外两侧的檐柱与角柱之间的砖砌矮墙上。窗高 1.74、宽 0.8 米，窗花纹饰与大门近似。清理时，在正庭内的淤泥中发现了多件红砂石建筑残件，因石质松散，腐蚀严重，能辨明的构件只有勾栏和望柱头。后经仔细辨认，窗花共有 27 种芙蓉花图案，可以联想当年"蓉城"盛景。其线条雕刻得非常细腻，似用针尖勾勒。石材来自青城后山的铜质青石，最重达 20 吨一块，可以想见当年工程之浩大。

僖王陵中庭（余茂智 摄）

中庭长 9 米、宽 6.89 米。左右厢房的形制同于正庭。除北端左厢房外，每间厢房前都置石供桌一张。在庭内东西厢房与后殿之间，各有一间附属建筑，高 2.76 米、面阔 2.08 米、进深 0.6 米。立颊内嵌有石欢门，上饰缠枝牡丹、葵菊等浅浮雕。石阑额以上为石质普柏仿，上安一斗三升斗拱。

此庭正对大门中央有一红砂石宝座，面长 0.73 米、宽 0.5 米、通高 0.89 米，座高 0.38 米。靠背正中雕刻高浮雕的云龙纹。

僖王陵地宫正殿（余茂智　摄）

后殿由中室和左右两个侧室组成，长 6.71 米、宽 6.14 米、高 4.25 米。左侧顶部有一个直径约 0.7 米的盗洞。后殿门两侧有圆形檐柱，底部垫有长方形石柱础。门柱内侧设地栿，上安双扇石门，有铺首。门两侧均安双扇格子假窗户，门额枋上有 12 朵五铺作斗拱，其形制、规格均同于正殿。与其他殿不同是，此殿将转角铺作置于阑额末端之上，顶面脊饰自下而上分别为仙人、龙、凤、狮、垂兽。

后殿中室长 6.71 米、宽 2.9 米、高 3.17 米，室内横砌铺地石板。壁的下部砌出高 0.14 米的须弥座式石墙足。后壁砖砌长方形照壁，高 3.13 米、宽 2.88 米。照壁底座为石质须弥座，高 0.8 米，束腰两端刻卷草纹。照壁四周用花朵纹琉璃砖砌成边框，边框内的墙面则用琉璃砖横砌。照壁中央镶嵌釉陶雕塑，为鎏金的云纹和二龙戏珠图案。中室左右两面石墙用长方形条石纵放错缝砌建而成。中室顶部为长方形盝顶，长 5.97 米、宽 2.56 米，四周边宽 0.2 米。边框上饰浅浮雕的荷花、莲蓬纹。盝顶中间有一个直径 2.1 米的圆形曼荼罗图。图中心刻一直径 0.54 米的小圆圈，内刻一梵字(系 "昙" 字)。圆心之外刻双层莲瓣，外围则刻以宝瓶、双鱼等佛教八吉祥纹。这是藏传佛教进入蜀王府的标志。

长方形盈顶刻绘藏传佛教中的八瓣莲花图案（余茂智 摄）

后殿中室中间放置一张须弥座式石棺床，长 4.23 米、宽 1.98 米、高 0.65 米。棺床表面用 5 块石板砌建而成，石板之间用束腰状铁栓加固。棺床正中有一长方形金井，井内充填黄土，与床面平齐。棺床上面的四角铁内放置棺撑，棺椁底部周围垫 5 块椅子形须弥座式垫石。葬具为一棺一椁，楠木朱漆，已被盗墓者毁坏，尸骨散落在整个后殿中室。棺长 2.89 米、宽 1.05~1.17 米、高 8.6 米，椁长 3.5 米、宽 1.43 米。棺床前面置一石供桌，其上放一红砂石香炉。该器口径 54 厘米、通高 61.2 厘米。

后殿两个侧室形制相同，大小相等，以石板盖顶、铺地。两侧室后面均用砖石封堵，门洞上部为如意头状。东侧室南边还横置一石案，长 0.89 米、宽 0.51 米、高 0.27 米。无足，两端用砖垫撑。

2.出土器物

僖王陵因遭盗墓者洗劫仅残存 500 余件器物，种类有陶瓷器、铜器、铁器等，其中陶俑 400 余件。随葬品分布于不同的室内，如将军俑位于前庭厢房和正殿大门门口，其他陶俑和陶马、乐器位于正庭的左右厢房前面，箱、案、桌、凳分立于中庭，盘、碗、瓶等则被放在中庭两侧的次间厢房内。

明代藩王陵宫与亲王的府宫制度关系密切，这可以从明太祖洪武年间制定的亲王府制及仪仗制度。藩王府三大机构，即管理普通官员的长史司，管理宫官的承奉司，以及管理王府军人的仪卫司都得到印证。

在地宫的布局方面，僖王陵地宫以中轴线为基准，沿中轴线及两侧建造门楼、殿堂、庭院、廊房厢房，其主要建筑均可与亲王府宫的建筑相对应。地宫内的仿木琉璃建筑也与亲王府制近似。地宫内随葬40余件陶俑和数十件陶马，组成仪仗队伍，有将军、文官、武士、乐工、女官和侍女等。将军俑、武士俑手中所持的武器(如刀、矛、戟、天镫、立瓜、卧瓜、骨朵、剑等)，也与亲王府的仪仗制度近同。这一切均说明，这座"地下王府"的建筑格局与地上亲王府相似。由此可见，明蜀僖王陵是一座名副其实的地下宫殿，其陵寝制度是从地上亲王府宫制度浓缩、简化而来的。

（三）蜀昭王陵

从第五任蜀王开始，蜀府按照朝廷规定丧葬从简，且实行夫妻合葬。相比第三任僖王之陵，第八任昭王之陵要简朴许多，其原址在洪河镇白鹤村与十陵镇千弓村邻界之处。墓向190度(南偏东)，地宫后(北)面尚存坟冢，残高5米余，底部残径22米左右。

1990年，因成渝高速公路建设，经国家文物局批准，对昭王陵实施考古发掘，并拆迁地宫于僖王陵侧复建保护。昭王陵的考古发掘工作，自1991年3月开始，至6月完成。

蜀昭王与其正妃的夫妻合葬王陵（余茂智　摄）

昭王陵地宫为砖砌筒拱券，五券五木伏，总厚 1.40 米。拱券内空进深约 22 米，净空宽不足 6 米，两边蹬墙及后墙厚 2 米左右。拱券外面，也跟僖王陵一样，自前至后横砌四道砖肋，用以箍固各段拱券和蹬墙。地宫墓坑宽近 13 米，总长(包括地宫前面的八字墙和墓道)41 米余。入墓依次为墓门前殿、前庭、中庭门殿、中庭，然后是横排并列的左(东)、右(西)甬道门殿与平行的左、右甬道，同样横排并列的左、右棺室门殿与平行并列的左、右棺室，横排并列的两座后壁殿。各庭室甬道，两边都有厢房，形似六组四合院。

各座殿屋及厢房，全为石结构仿木建筑，石雕筒瓦单檐庑殿式和硬山式大屋顶，勾头滴水或镌龙纹、或镌凤纹、或镌五瓣梅花图案。墓门前殿和中庭门殿，各为一进三开间，面阔约 6 米，自屋脊至墓底高 3.80 米。皆以明间作通道，设置可以开阖的双扇石门，每扇门宽有 1.10 米、高 2.40 米、厚 0.15 米。门后备有顶门石条，于于墓底凿有蹬槽。前殿门扇阳面饰乳钉，各为九排九行，并施铺首衔环。中庭门殿阑额，浮雕高天白云龙凤呈祥图纹，双扇石门作隔子窗门式样，镌以肘板、横木呈、抹头、腰华、障水。窗棂亦为浮雕，由方格、菱格与圆环相套，加十字花叶组成的格眼图案。腰华板浮雕云纹，障水板浮雕红日霞光与海涛的组合图案。这两座殿房的次间，皆仿上窗下墙样式，窗棂为阴刻方格与菱格相套，再加十字花叶和圆环花叶组成的格眼图案。该二殿的石基，皆为整块石板，长近 6 米、宽 0.70 米，埋在墓底部分厚 0.60 米以上，露出墓底部分凿作明间门槛和次间地木伏。横排并列的左(东)、右(西)甬道门殿和左、右棺室门殿，也是双扇仿木石门，每扇宽 0.85 米、高 1.74 米、厚 0.14 米。这四道殿门，虽也各置顶门石条，却未凿蹬槽。其中，东、西两座甬殿前面，紧贴石门，分别横砌一堵砖壁(金刚墙)封闭甬殿门面。这两座门殿，自阑额以上，架设石雕筒瓦勾头滴水房面、石雕屋脊。屋脊之上，又置石雕莲花眉盖梁额(其断面成形，顺屋脊的眉盖额阳镌一排仰式莲花瓣)。眉盖上面及两殿之间石壁以上，全用青砖砌墙封闭，直抵筒拱券的顶部。

明蜀昭王陵出土石碑上的人头龙盘雕（余茂智 摄）

横排并列的左(东)、右(西)甬道门殿，自莲花眉盖至墓底，通高 3.20 米。两殿之间的壁面正中，镶竖一条表柱，方形，置于高 0.61 米的须弥座上。表柱净高 1.19 米、每边宽 0.76 米。柱阳上段，雕二龙戏珠图案，直径 0.69 米，圆面弧鼓外凸，侧视成形。团图外边四角，镶镌云纹。团图下面的浮雕，系由三部分组成，从上到下依次为昊天祥云、云带缭绕的高山深谷、激流涌动的海波。三层图像，互有参差，从而构成一幅乾坤图案。

横排并列的左(东)、右(西)棺室门殿和两个棺室的后壁殿，也跟甬道门殿一样，在阑额上面架设石雕筒瓦勾头滴水房面、石雕屋脊，屋脊之上石雕莲花眉盖梁额。这四座殿房，自眉盖至墓底，通高 2.60 米。

各庭室甬道两边厢房，以及两座后窗壁殿，皆构建于高 0.61 米的须弥式台基上面。前庭和中庭两边厢房的须弥台基陡板石，镌有多种形态的祥云。前庭、中庭及棺室两边厢房，各为三栋。甬道两边厢房和二棺室之后壁殿，各为一栋。每栋面阔三开间。明间不置门扇，仅于阑额下面施欢门，镌刻莲荷、卷草及缠枝牡丹。所有次间壁面，皆镌作隔扇窗门式样，格眼、腰华及障水板上有阴刻图案。所有厢房及墓后左、右壁殿，于阑额之上架设石雕筒瓦勾头滴水房面、石雕屋脊，屋脊上又施石雕莲花眉盖梁额。自眉盖至墓底，高 2.60 米。前庭和中庭两边厢房的眉盖，即作墓室砖拱起券蹬墙的内壁顶部，筒拱内层的一券一伏，正跨压于两边厢房的莲花眉盖梁额之上。而甬道和棺室两边厢房的眉盖，以及两座棺室后端壁殿的眉盖，则皆作为搭设天花石板的墙梁。两个甬道与两个棺室上面，全部施以天花，系厚 60 厘米左右的宽大石板横铺而成。天花距墓底高 2.60 米。前庭、中庭及平行并列的左(东)、右(西)甬道正中，各置一具石雕供案。须弥式案座，系用整块巨石雕凿而成，高 0.88 米、上下枋宽 1.08 米、纵阔 0.79 米。

　　昭王陵地宫为昭王与正妃的合圹墓。故有横排并列的两座甬道门殿、两个甬道、两座棺室门殿、两个棺室，以及两座后壁殿。王陵地宫分左右棺室，左棺室须弥座棺座雕凤纹，为昭王正妃刘氏的棺室；右棺室须弥座棺座雕龙纹，为昭王棺室。奇妙的是，两棺室隔墙上有镂空门扉一孔，据说这是为了方便夫妻二人在阴间的联系。其中，左(东)甬道和左棺室两边厢房的须弥台基石，以及后壁殿的须弥台基石，皆饰以浮雕云龙图案，显系置放昭王灵柩之处。右甬道和右棺室两边厢房的须弥台基石，以及后尽壁殿的须弥台基石，皆饰以丹凤朝阳浮雕图案，无疑是王妃安息之所。

昭王陵左右棺室（余茂智 摄）

　　两个棺室之间，纵隔厢房的壁面下部，镌成一座庑殿式房屋图形，面阔约 0.65 米、高 0.54 米。檐下壁面，刻作两扇门扉，呈现略推开之状。因而在棺室之间，形成一条相通的竖缝，表示夫妻二人魂灵便于随时过往相从。纵隔于左、右棺室之间的厢房，两面廊檐下，摆放有琉璃彩釉太监宫婢侍奉俑。两个棺室之内，各有一座石棺床，纵长 3.85 米、横宽 1.43 米、高 0.40 米。棺床左右两边及后头，留有走道，宽 0.33 米左右，前端距棺室门殿 1.40 米。棺床之上，各置一具长方形木椁套棺。

　　蜀昭王圹志石碑，原置立于前庭左后部位，王妃刘氏圹志石碑，则置于前庭右后部位。此墓各庭室甬道地面，全部铺设石板，由后向前，略有坡降。墓底横面，则自中约略隆起而向两边微呈坡降。且于墓室两侧，沿厢房台基，各凿一条导流槽，直通八字墙背后埋设的两条排水涵道。昭王陵排水涵道，跟僖王陵、赵妃墓使用陶瓦筒接拢而成的排水管不同，而跟东风渠畔成王陵等几处蜀府墓葬一样，是用条石凿槽，下仰上覆，扣合连接埋设，直通寝园以外低于墓底的山冲洼地。这也是盗墓者探测的重要线索之一。

明僖王陵夜景（余茂智 摄）

（四）忠孝贤良的朱让栩

坐落于青龙湖西侧的成王陵，虽然尚未发掘，但其主人的故事在本街道几座王陵里最有代表性，留下的著作也最多。

宗室在整个明朝近三百年国祚的大部分时间里，都被禁止从事"四民之业"。作为一国之主，藩王更是常常被视为皇位的潜在竞争者，流言、传闻与稗史至今不绝如缕。在这样的压力之下，正德、嘉靖年间，坐拥蜀王府的第九任蜀王成王朱让栩（1500—1548）则把自己消融进"士"的角色中，吟咏风月，业习诗书。因"忠敬慈和，孝友敦睦，德性明粹，问学渊涵。长于文翰，著作甚富"，而获赐"忠孝贤良"坊，其谥号"成"的含义为"安民立政"。这是藩王谥号中层次最高的。明代著名文人杨慎为蜀成王文集《长春竞辰稿》作序，称赞他"适情咏物，怀古杂拟，式遵温柔敦厚之旨，亦饶缘情绮靡之声"，"真有王人之度，作者之风"。引用陆机《文赋》，直溯《诗经》，这是一种将成王的创作纳入诗文经典的文艺评论，是他者的观照。实际上，蜀成王也正是在传统儒家的知识背景下，构建起了自己的音乐理想。同时，又以其卓越的艺术鉴赏力和创作力，在成都营造出"少城一曲浣花溪"的盛世乐章。

朱让栩《长春竞辰稿》

1. 燕乐时尚

　　散曲在元代被称为"今乐府"或"乐府"，明代的创作者继承了这一名称。散曲音乐的一个主要源头是隋唐以来的燕乐，与包括杂剧、传奇在内的元明戏剧不同，散曲是一种适用于席间座上的清唱曲。所以，散曲可谓是元明间的"流行歌曲"。元代现存《乐府新编阳春白雪》《朝野新声太平乐府》《梨园按试乐府新声》和《类聚名贤乐府群玉》四种散曲选集；到了明代，曲选更是应歌坛氍毹之热，如雨后春笋一般问世，此外许多明代散曲作家也有专集被刊刻梓行。然而藩王中留下文集的固然不少，涉足散曲者却不多。蜀藩今有五部藩王文集存世，仅成王集中单立散曲一卷，题名"拟元人乐府"。

　　嘉靖年间重刊《张小山小令》，当时的戏曲家李开先为该书作序，他提到："洪武初年亲王之国，必以词曲一千七百本赐之。""张小山"即元代散曲名家张可久，"小令"不是词之小令，而是散曲之小令，与"套数"相对。宋元宫廷中大量的古籍的确被分赐给了各地藩王，这可以由后来藩府刻书所据底本大抵为宋元善本得到印证。而从李开先叙说的"野史"来看，赐书中还有不少词曲善本。如果这批善本真的存在，它们便是藩府戏曲创作的催化剂。

昭王陵出土陶俑含王府乐队（余茂智 摄）

在戏曲史上留下高光的藩王，宁献王朱权与周宪王朱有燉大抵是最为著称的。前者留下珍贵的早期曲目文献《太和正音谱》，后者则有数十种杂剧传世，是明代重要的杂剧作家。宁、周二王的戏曲业绩，或出于曲折的权力困境，或出于别致的宫廷兴趣。偏守岷峨、遥瞻北阙，蜀成王的散曲创作兴趣，却似乎透露出他对时尚音乐形式的探索。

〔南商调·黄莺儿〕四首，就使用了明代始兴于东南的南曲曲牌，分咏风花雪月，却不着"风""花""雪""月"四字。咏物而不着一字的笔法在唐代已然成熟，最负盛名者便是李峤的五言绝句《风》："解落三秋叶，能开二月花。过江千尺浪，入竹万竿斜。"散曲写风花雪月，也此类逞才之作也比比皆是。笔法虽不甚奇，但"鸣窗送艇""散幽香透怀""星畔""泻影浸山河"等造语却颇为精致脱俗，不失南曲韵味。在造境方面比较出色的《雪》这一首：

　　飞絮舞帘栊。逐狂风下远空。寒威凛冽江河冻。密漫漫覆蒙。白皑皑路充。烹茶几度闲相共。小桥东。蓝关道阻。凝积荻芦丛。

"烹茶几度闲相共"一句将人情嵌在景中，前有"白皑皑路充"，后有"蓝关道阻"，人困其间却自有一番天地，无意之间他似乎勾描出了自己的人生图景。

当时四川也有新都杨氏一门热衷这种始兴曲调的创作，嘉靖初年被罢免的内阁首辅杨廷和，以及其子、四川明代唯一的状元杨慎与妻黄峨，均有大量散曲作品存世，父子二人更分别有散曲别集《乐府余音》与《陶情乐府》结集刊行。杨慎与昭、成、康三代蜀王皆有来往，更是在成王去世后，携在滇友人简绍芳为成王文集作序。在文学创作上，成王散曲中所表现出的杂糅南北曲的风格特征也与杨门两代的曲作相近。

杨慎有〔双调·对玉环带过清江引〕四首咏风花雪月四物，其中咏风一曲曰：

> 解冻池塘，鸭头绿波皱。杨柳东边，鹅黄初摆就。行雨拂高唐。飘烟笼远岫。一阵寒生，罗衣金缕透。衣罗纤腰原自瘦。料峭黄昏后。春光飘又零，花信偪还偬。红芳吹成南薰昼。

而成王咏风一曲从炼字造句到兴味风格，都与杨慎曲若合一契：

> 拂面透罗裳，掀帘帏户半张，江湖时迭波光漾。落残红过墙，飞浮云出冈。檐前铁马声嘹嘹，韵茫茫。鸣窗送艇，解冻柳堤傍。

此外成王还有一首特别的小令〔双调·卷帘雁儿落带过得胜令〕（曲牌阙疑）《春暖》：

> 向郊东草陌香，漾塘池丽日舒凉。阴柳小田庄，扬扇轻前席悦。梁黄长境梦，邯郸上。

这首小令的曲牌或许有误，曲词字数过少，不应是带过曲，"带过得胜令"可能是衍文。但"卷帘雁儿落"也不见于古今任何曲谱、曲律，唯有黄峨《杨夫人词曲》集中尚存〔双调·卷帘雁儿落〕一首：

> 难离别，情万千。眠孤枕，愁人伴。闲庭小院深，关河传信远。鱼和雁天南。看明月中断肠。

有人认为"卷帘"是一种回文体的标志，无论如何，成王此曲曲牌罕见，而黄峨亦有曲牌名类似的作品，即便尚未找到证据表明成王与黄峨或是其夫杨慎的散曲创作有过唱和式的直接交流，至少也能说明二人的曲学知识来源是接近或共通的。总言之，成王的音乐理想是切合明中叶的散曲潮流的，当然，也就与同时代四川散曲的清音雅奏交相辉映了。

《适庵韵对》封面，适庵为朱让栩的字

2. 元音正宗

　　蜀成王的散曲作品中，套数只有两首，即〔黄钟·醉花阴〕《庆中秋》与〔南吕·一枝花〕，二套均是明代北曲所习用的套式，在内容上也与时兴曲选《雍熙乐府》中的作品相似：赏咏佳节、歌颂太平。

　　小令五十首，则更大程度上体现了"拟元人乐府"的拟元、宗元思想，这种创作观念，体现了他对尝试各类文体、追摹"一代之文学"抱有极大的兴趣。比如北曲小令〔双调·庆宣和〕这一曲牌下，成王集里存录了十首作品，其中第三曲：

　　　　五柳庄前陶令宅。大似彭泽。无限黄花有谁栽。似他们去来去来。我也去来去来。

　　这与元代无名氏作品"五柳庄头陶令宅，大似彭泽，无限黄花有谁戴？去来，去来"，几乎只有末二句"去来，去来"不同。成王改作这首元人小令，进而在自己这首改作的基础上，擅定〔双调·庆宣和〕增字之格，所以他的十首小令，句式全同，自然与元人原作的结尾曲律就有所差别了。《梨园试按乐府新声》收录了包括"五柳庄"这首元人小令在内的十一支末二句为"去来，去来"的〔双调·庆宣和〕，其中与"五柳庄"一曲格调相似者四，或写处士、或写游仙，包括太华山陈抟、七里滩严子陵、蓬莱八仙、天台山刘晨。若将这五支曲与成王改作曲比较，可以更清晰地理解其末二句中"似他们……我也"的用意。元人小令"去来，去来"实际上是搬用了"归去来兮"之呼唤，只不

41

过"归去来"是五柳先生的自我呼唤，而"去来，去来"则是元人曲中祈使性的呼唤，故而蕴含着劝世情怀。各曲末二句前的"无限黄花有谁戴""要听渔樵话成败""八个神仙肯拖戴""不见刘郎玉真怪"皆意在撩拨读者向往仙隐的心弦。如此一来，成王散曲中"似他们……我也"，可谓是对元人呼唤的响应，真切地反映出了一藩之主对"他们"这些处士高人的模仿与追随。他期待将自己事无所成的人生处境比附成一种仙隐生活，但他终究与处士高人们知音异路。对渊明、陈抟、严子陵、八仙、刘晨而言，世外是一个"归"处；对成王来说，他却在"未遂"的比附中被迫自我出离而无"归"。

成王用心在追寻自己时代的音乐潮流，也怅怅仰望着前代的绕梁之声。

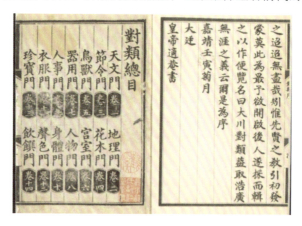

伪托朱适庵之名的《大川对类》

3.流声易逝

将文集命名为"长春竞辰"，可以感觉到"时间"这一主题在朱让栩文学创作与散曲实践中的特殊意义。换一句话说，置身永恒与流光瞬息、逸致流散之中，时序感以及风物替变带来的心物触碰，是支撑"藩王风雅"的一种分量很重的表达。"比之青衿儒生、锦带居士，勤渠倍之"，他的勤奋惜时常常为人称赏，杨慎也不吝美言。成王编纂一种作诗的工具书《适庵韵对》，李钧在《韵对序》中也称成王白天"座满图书"，夜里"寝怀铅笔"。但当他发现用光阴换来的才、识、学并不能有所施展时，祈望生命之树借艺术之手"长春"，文学给予人生的力量并非奢望；而与"辰"相"竞"虽显得太过苍白，几近徒劳，然却是与现实无力感对话的最好方式了。在藩王身份与藩禁的束缚下，锢于一城的蜀王闲赏时序，吟咏春夏秋冬、风花雪月，他以文心曲艺抵挡岁月的流逝，填充光阴的空白，也更为直接地麻醉了自己对沉重的藩王身份清醒认识和"日观经史"之举背后的功名心。

成王集中存曲虽然不多，但很多作品都流露出他对时光流逝的敏感，比如套数〔黄钟·醉花阴〕《庆中秋》，小令〔双调·鸿归浦〕（曲牌阙疑）《春游》、〔双调·卷帘雁儿落带过得胜令〕（曲牌阙疑）《春暖》、〔双调·玉溪清〕四首、〔双调·凌波仙〕四首、〔仙吕·一半儿〕四首，等等。总的来看，这些作品格律较工，造语颇雅。可以说，比起流连于风光，作者更多的是在寄情适性于文心曲艺的自我开展。蜀成王笔下的春夏秋冬，蕴藏着与他最亲近，也最能触动其文思的物象。身为一藩之主，逼仄的处境之下，书写四季韶华是寄托也是一种自斟自饮的麻醉。小令《春游》一曲中"趁新晴紫陌行，乘宝马踏金镫"这些灵动而富于跳跃感的六字句，很好地承载着游赏情趣。正因为佳节和春景与之亲切，才会发出"一年宵景惟今夜，不觉的兔魄西斜，愿岁岁莫教虚度也"这样的真切呼唤。

最后来谈一谈朱让栩的十首〔商调·小桃红〕。从内容上讲，也是写"春夏秋冬"的感时伤怀类型的曲作。它们均由"小桃红"收束，可视为曲牌名原意的一种回归。这一形式与其〔双调·庆宣和〕中"不如我……我也"和"若说到幽轩……"是类似的：它们形成一种表达模式，以致各曲之间语境能够互相渗透、交融；当此句式定格在读曲者心中，"小桃红"三字便于曲终处产生一种"收束感"，增添了曲词的音乐性。其中几支曲更是因末句而平添风味，如第一支曲：

晓行紫陌趁东风。驱骏马轻鞭送。芳草和烟暖茸茸。柳阴浓。辞鞍暂憩游人众。仰前村望中。听鹃声遥呀。如喷火小桃红。

该曲本来与《春游》用意用语差别不大，但末一句"如喷火小桃红"却惊啼一声，尤显尖新，游赏途中下马暂歇、遥望前村眼前一亮的意趣跃然纸上，实在远胜"遥望见层楼上酒旗横"。又如曲二"坠云鬟半松，插花枝微重，零落下小桃红"亦由末句点睛，使"闲情暗逐春光动"更为鲜活。另外曲三和曲九也是较有意趣的。前者写踏春盛景，"趁时好把韶华共"意取惜春竞辰，以"猛争看"凸显游人赏花的热切心情，自然也就展现了春光之迷人。后者写夜宴友朋，"月朦胧""帘旌响微风动""轻雾霏霏"先是烘托出一派迷蒙模糊的夜色，在这夜色之下宴饮者却欲秉烛夜游，一赏桃花，可谓自成雅趣。前九支曲"小桃红"缤纷异色，但终有风雨来时，最后一曲写那晓风"吼声料峭"，"过江湖波涌，入园林花送，零落了小桃红"，凄厉伤婉。

除了围绕着"小桃红"之曲牌曲意写景之外，曲七还自抒壮怀，"明窗净几坐楼东，每展经书诵，潇洒襟怀志无蒙"，关于"志"的直接表达在朱让栩所有曲作中只此一例。但从朱让栩勤学惜时的身影中，其实不难看出他本心怀壮志。与该此曲场景相似的是，明末川人李长祥也向友人描绘过蜀王藏书楼的图景，"成王喜读书，宫中为石楼数十闲，藏书数亿万卷。蜀王府富过他王府，成王又贤，购书费巨万。日之钞写者数百人。自绘孔子图于楼之上，日临之以肃其校书者"，可见蜀成王好读书、好藏书之甚，已成掌故谈资。其子朱承燨为《长春竞辰稿》所作序也称朱让栩"以雄逸之材，通明之识，年逾四帙，学愤三余"。这其实点出了他为学之才、识二端，其歌诗《独立观潮图》中以鹰自视"神鹰奋迅下天衢，独立高冈擅奇绝"，可见其"雄逸"；而《读书辩》则点出后世治学"记诵辞章之习"非若圣人之道，并以"读书之至，则循理而乐，不循理为不乐"阐发宋儒邵雍"天理真乐"之论，可谓"通明"。但是，才之雄逸，识之通明，又能将他带到何方呢？永、宣年间削藩之后，作为无职无权的寄生者，藩王几乎与所谓的"志"无缘，他们或无人生追求，或有也无法实现；对众宗属也是"绝其仕宦，并不习四民业，锢之一城"。一城之内，虽也倾心于仙隐，虽也流连于风光，蜀王朱让栩仍要一展"志无蒙"的胸怀。一藩之主报才而不能展，与文人才子难酬壮志是不尽相同的，这种特殊的情怀颇耐寻味。

4. 笃好儒术，不迩声伎

明人黄汝亨曾说过，宗室有才者要么"寄情诗文翰墨"，要么"耗之声色狗马，游侠为群"。这无疑是藩禁政策所导致的。晚明著名文士张岱言道，"我明自靖难之后，待宗室其制愈严愈刻。在诸王之中，乐善好书者，固百不得一，而即有好饮醇酒、近妇人，便称贤王，遂加奖励矣"，顾炎武更有"溺于富贵，妄自骄矜，不知礼义""名曰天枝，实为弃物"之斥。然而史书所载的蜀成王却既"乐善好书"又"不迩声伎"，诚为一代贤王。

成王虽然以时新的文学观念对散曲这种音乐文学体裁展开尝试，但嘉靖十八年（1539）朝廷"以蜀王让栩有贤行，赐奖励，仍命有司具礼树坊表异之"，王府、地方官员所呈报的蜀王贤行中，即有"笃好儒术，不迩声伎"一条。这一评价最终还进入了《明史·朱让栩传》，成为了历史定评。成王的戏曲创作止步于散曲，不曾染指剧曲，固不可言"声伎"。更重要的是，在成王以及大量明代文人的散曲创作经验中，这一音乐文学体裁逐渐延展出私人化的情感路径，歌坛、案头两不相弃。蜀成王的音乐理想就是这样在儒家传统、社会期望与歌坛时尚之间游离穿梭，五百年后重新映射到今天的天府之国。

第三节　客家文化

五代和明朝的墓葬代表着本街道历史上辉煌的文化，对现在的居民而言，只能到博物馆和古文献中去感受。而接地气的人文，还是客家文化和三线文化，以及各家各户都要参与的学校教育。

一、十陵客家人经纬

经过多年研究，客家人的发展脉络已经逐渐清晰。客家人先在福建形成族群，于南宋时期，"客家话"在广东成型，章炳麟《新方言·岭外三州语》称："广东惠嘉应二州，东得潮之大阜、丰顺，其民自晋末踰岭，宅于海滨，言语敦古，与土著不相能，广州人谓之客家。"然后再扩散到江西、广西，以及海外和内陆省份。这时的"客家"（Hakka），不再是区别于当地原来土著居民的词汇，而是相沿而成这一部分操客家话的汉人自称。而粤北、闽西、赣南成为客家大本营，著名的客家聚居区有汀州、龙岩、永定、梅州、惠州、韶关、赣州、井冈山等地名。其中赣州、汀州、梅州和惠州号称"客家四州"，历史上的汀州府（现在主要是龙岩、其次是三明市）是著名的客家祖地。连城东郊的冠豸山被誉为"客家神山"，客家人在这里扎下了生命之根，开启了生命之门。据说冠豸山的山峰大都朝北方，或许是神山在告诉从北方迁徙而来的客家人，无论漂向哪里，永远勿忘自己来自何处。梅州是客家长期迁徙最主要的集散中心和最后一个中转站，客家话便是以梅州话为标准音，梅州也被尊为"世界客都"。

东成十陵

　　东山客家文化享有盛名，是因为 1946 年中央研究院历史语言研究所董同龢研究员，采访了家住凉水井附近的卢光泉，撰写了一本《华阳凉水井客家话记音》。董先生于成都记录客家方言，始尝试纯以描写语言学方法调查汉语，次年春撰成，于 1948 年发表。该文提供完全得自口语语料，并由语料归纳音系、整理语汇，不仅为客家话的第一篇调查报告，还是首次以纯粹的描写语言学立场撰成的汉语方言调查报告。《凉水井客家方言记音》具有国内和国际广泛影响力，让世人知道成都还有一个"客家方言岛"，也使本街道成为中国西部客家文化的发祥地。而客家人在本地试种二荆条辣椒成功，从而帮近代川菜确立味型，是客家人对四川文化最突出的贡献之一。客家家族以苏氏为代表，在广东籍移民中最早"开科"，后世功名无数，是客家人崇文重教的典型案例。这三方面，加之占绝对优势的客家人，显示客家文化是本地特色文化之一。
　　下面先介绍本地的几大姓，其落业地显示各姓氏在东山上小聚居，并形成著名的地标，如张氏天灯老房子，史氏花楼门，朱氏半截河祠堂，范氏私立学堂，卢氏凉水井，苏氏青龙埂大院等。

　　1. 张氏
　　张姓是本地客家人大姓，在十陵主要有两支，分为涉及老地名阡子堰、大将庙的大梁公系，及以天灯房著名的来龙社区大柱公系。
　　来龙 9 组（原农家 2 组）张荣迁收藏《张氏族谱（2）》（1987 年修谱），其中有诗歌赞咏：
　　（一）长爱雄山山水清，富时曾费几经营。维耕维读贻谋远，以俭以勤著训明。
　　自昔风灰驱粤蜀，而今衣食业生成；还须俎豆年年进，饮水知源勤至情。
　　　　　　　　——孝友芳巍万古留，岁进士（即贡生）曾孙滋芳恭撰
　　（二）辞粤入川万里行，年将半百附迁莺。春残黔省萱花老，路历江州椿树顶。
　　偕弟三迁心力卒，买田八载智谋远。寿增花甲多谦训，德及儿孙读与耕。
　　（三）世居粤地条遭荒，因向春风促远装。四十六年肩重任，六千余里步他乡。
　　椿宣继谢挥双泪，棠隶连阴共一堂。入川租地经三徒，号创难山永发祥。
　　　　　　　　　　　　　　——华邑文生元孙文彬恭撰

（四）创业维艰自古然，贻谋深远大丈贤。时逢汉魂延东粤，装促征车赴蜀川。

毕呼肖倏淘半载，难山布筑已三迁。流传血食千秋远，报德迁思进豆全。

——华邑文生元孙文彬恭撰

（五）溯来长乐是源流，千里携家到益州。喜挹椿光辉族馆，悲深宣草谢荒丘。

隆昌耕稼难如意，简邑侨居始有秋。创业难山田百亩，于今永远绍其衣。

——华邑庠生裔孙维干恭撰

现在大柱公后裔约六七百人，每年清明节，与大梁公后裔一起，到新都区木兰乡鸡公山祖坟祭祀，有五六十人，以长者居多，用全鸡、刀头肉、香蜡、纸钱等，在坟前跪拜行礼，烧香点蜡，鸣放鞭炮等。

地理标志：来龙村天灯老房子占地30多亩，其中竹林20亩，房屋10亩，50间。泥墙草房，天井4个，院落角有雕楼2处，各4层，全是泥墙，树木做阁楼架，上面铺荆竹子，敷泥巴做楼板，内设木楼梯。一、二层无窗，三、四层各一方开小天窗，以便观望院子外面情况。天灯房历代是张家世居地，在路边树有石桅杆。张氏兴隆后，为继续讨吉利，张氏几房人共商用杉木立一高杆，每晚用碗盛菜油，放进灯草，点燃后四周用玻璃罩防风雨，再用绳子吊升于杆顶，点通宵。此举坚持一百多年，直到解放初止。这种情况通常出现在场镇口，可以给黑夜中的行路人一种指引，并提供借宿等帮助，类似于海洋中的灯塔，是一种民间善举。故周围远近数里都不称张家房子，而称为天灯房或称天灯房子。

张氏族谱（杜建春　摄）

传统的客家雕楼（谢惠祥　摄）

2. 史氏

十陵街道办事处史元江所持《史氏族谱》（四川史氏编辑，于 1917 年修编，复印件）和《京兆堂史氏族谱》（1996 年 9 月，由广东省五华县史氏族谱编委员会刊印，共 198 页，其中空 54 页）。史姓在全国汉族中居第八十五位，为常见的姓氏。据广东五华县《史氏族谱》记载：史姓始祖仓颉，任黄帝的创造文字"史皇"。仓颉是传说中造字的圣人，后代以官职为姓，称史氏。

溧阳埭头是史氏的发源地之一，也是全国最大的史氏故乡。埭头史氏都是一世祖史崇的嫡系后人，史崇即东汉初史恭玄孙，字伯勤，鲁郡济北人，在刘玄更始年间（23），封溧阳侯。十一世祖君益公（广东《史氏族谱》称：就公）、林孺人，为上川始祖。君益公于康熙时，与堂弟二人带一妹，移居四川，先居简邑洛带镇，以背树到省城为生。在途中欲购草房作休息，后购主人坝田数十亩，赠草房一座，便开基创业，娶林氏为妻。君益公葬西河镇柑子村，墓现保存尚好，每年农历二月十二，史氏裔孙聚集在君益墓前举行祭祀活动，约有 80 多人，以中老年人居多。另广东《史氏族谱》记载，先后有多支史系移居四川。

地理标志：大草坪村史家雕花楼门，后称史家大院。史家自己修建，占地约 20 亩，大天井 3 个，小天井 5 个，大院坝 1 个 5 亩，生活，房屋约 5 亩，竹林约 15 亩，因大门上有雕花装饰闻名周围乡里，故附近俗称：史家雕花楼门，解放后称史家大院。

3．范氏

范氏是东山大姓，老祠堂多，尤其以清水沟祠堂最著名。另外，范氏私立学校也是东山上著名的小学。

大梁 15 组范洪才收藏《范氏族谱》三套：民国 5 年（1916）撰修华阳《范氏族谱》，共 8 册；民国 16 年（1927）撰修华阳《范氏族谱录存》，共 2 册；1989 年撰修《范氏族谱》，共上、下两卷。

范氏入川后，早在清道光七年（1827）、光绪九年（1883），已撰修《范氏族谱》两次。在《重订族谱序》记载：四川始祖为十一世钦若公，字端雅，生于清康熙二十二年（1683）十月十四。清乾隆六年（1741），率五子入蜀，初居永宁县（现叙永县）。乾隆七年（1742）秋回广东，乾隆八年（1743）偕祖妣廖孺人等，契家属俱迁于永宁，乾隆十二年（1747）佃华阳石板滩巫家桥李公若槐田土耕种，卒于乾隆十三年（1748），葬于李公庄上。

范氏对扬公后裔于清明前，到大梁 15 组的祖坟前跪拜行礼祭祀

（2010 年 3 月，杜建春 摄）

现在，范氏后裔经龙泉驿区民政局批准成立了龙泉驿区范仲淹联谊会，每年二月初二，俗称：龙抬头之日，近 300 人集中到石板滩、十陵大梁 15 祖等祖坟地进行祭祀活动。在龙潭街道清水沟对扬公祠重建范氏总祠，每年祭祀活动后在此举行盛大集会。每年冬至，举行祭祀范仲淹活动。范氏后裔增强亲情，加强联谊，共促和谐，团结友爱。

地理标志：华阳县西河乡范氏私立小学。（可见第二章第二节"学校"）

4.卢氏

卢氏开基之地在凉水井附近，地处牛市口—五桂桥—杨柳店—赖家坡—凉水井—千弓堰—狮子桥，出十陵，翻过龙泉山到简阳的交通要道。后随董同龢先生《凉水井客家方言记音》而具有国际影响力，是东山客家文化的"圣地"。

提水站退休站长卢光松手持清光绪三十四年（1908）《卢氏族谱》，系续前谱而成之谱，手抄石印版本。新谱于 1982 年翻印铅字而成，谱长 260 mm，宽 186 mm，厚 5 mm，按旧体排版。卢氏出自姜姓，上川始祖十二世祖仁彦公（子：奕槐、奕桂、奕集、奕桢），于乾隆二十三年（1758）戊寅正月，携二、三、四子望西蜀而来，越三月余，始至成都府华阳县北门外隆兴场（龙潭寺），依族卢朝华居。乾隆二十五年（1760）长子槐亦携妻孥至。乾隆四十九年（1784）甲辰，创业于凉水井，筑室而居，享寿八十二岁。

卢氏有诗八句以勉后代：卢氏分脉自范阳，古昔为帝兼封王。尚书累代光史册，大尉大传进平章。家谱至今功存迹，书声从古可垂芳。嘱咐云礽多继述，瓜瓞绵长四海扬。

凉水井之乡村自然景观（2001 年 2 月 17 日）

地理标志：凉水井。在"湖广填四川"的移民浪潮，广东卢氏家族在东山站稳脚跟后，见此地有一口古井，水源丰富，便在此开基立业。

关于凉水井有一件事情，是现在七八十岁的老人大都见到过的。凉水井是用红砂石做井圈，用小青砖砌井壁。井圈高出地面 30 厘米，夏天井水的水位比周围水稻田的水位还高，过路行人可用手舀到井水，取水解渴。东山丘陵，几年有一次大旱，塘堰干涸，唯有凉水井内的井水充足，可供数华里以内的村民到此挑水饮用。每当大旱之时，井水不够用时，便组织人员立起井架，每次掏井见底，必然天下大雨，旱情缓解。掏井人一见下雨，立即出井，否则井水涌出，便有危险。

凉水井所在位置，四周有五条土埂汇集，学名叫"五马归槽"，又称"五龙吃水"。这就是民间文化的魅力，总是将自己的生存环境赋予很多人文情怀。同时，这里非常容易聚集人气，比较有名的是"肖挂面"、凉水井小学、凉水井火锅兔。

5．朱氏

朱氏以半截河祠堂最著名，为必达公系。宗族成员朱文国收藏了多本不同年代的《朱氏族谱》，其中有：必达公从广东入川时，带来了手抄本《朱氏族谱》。民国 14 年（1925）由必达公六世孙、光绪六年六品顶戴（官）朱华盛，七世裔清戊申（1908）考授（补授，取消科举后的过渡）岁进士朱道南（1856－1936）等重修族谱。民国十七年（1928）编《朱氏族谱》。

广东始祖珍公，行念二郎居江西赣州府宁化县平田五都，生于元壬子年（1312）七月十五，葬明己巳年（1389）十一月十一。因得中武洪二年（1369）

50

第五名文魁，明太祖恩选广东惠州府长乐县知县。入川始祖必达公。生于清康熙二十年（1681）农历六月二十，康熙五十八年（1719），必达公时年38岁，携妣曾氏及子永盛、永吉、永秀（3岁），从广东五华县（原长乐县）华城镇齐乐村赤竹凹，迁入成都府"华阳县西河场南巷子卖米粮"，后置业于华阳县西河镇烂泥沟（龙井村）、半截河（千弓村第三、四组）开基，同时设立半截河祠堂。入川后生育永进、永才二子，共育五子。必达公卒于乾隆二十六年（1761）九月初二，享年81岁。

清嘉庆二十四年（1819）春，第十五世孙朝云公，仿科甲巷总祠之祠门，修建"半截河祠堂"之祠门，开基至今，该陪祠俗名"好家伙"。每年春分前后，在千弓村3组大岭风，给必达公、曾祖妣墓上坟，有200余人。

地理标志：半截河祠堂。（详见本节"四、朱熹祠及文化"部分）

朱熹拟并书写的对联曾是客家人祠堂的通用联

6. 传统丧葬礼仪中的孝道文化

由于客家人相对的保守性，对传统文化的继承反而更好，丧葬礼仪就是很突出的表现，充分展示了传统"孝道文化"在民间的根。宋代卫湜所著《礼记集说》里有"人伦之道以孝为先"，在民间演化为十陵客家人教育子女常说的"百善孝为先"，而"孝"除表现在平时对老人生活起居的照料外，更显性的表现就是在大庭广众面前展现的俗称"送终""办丧事"的丧葬礼仪。为了让死者在阴间少受苦受累，并企图让其生活得比在阳间更好，后人可谓煞费苦心，想尽办法。这方面，本地的钟培全、杨朝友等人，仍然能够实际演示大部分内容。

十陵客家的孝道文化是通过婚丧、祝寿礼仪、故事、戏剧、诗歌、歌曲、训诫等多种渠道加以传播和灌输的，使其耳熟能详。如以前私塾传授的绕堂诗就很多，下面举二十四孝总论部分和单独讲丁兰行孝的事迹为例。

绕堂诗一：《二十四孝》

大舜行孝历山耕，文帝尝药怕毒亲。曾子打柴把亲奉，仲游负米万古闻。董永卖身存葬父，剡子打鹿费苦心。杨香打虎救父命，王祥为母卧寒冰。黄香九岁能扇枕，陆绩怀橘宽孝行。唐氏乳母因家困，王褒伏墓怕惊亲。姜诗夫妻感天应，郭巨埋儿天赐金。孟宗哭竹冬生笋，丁兰刻木悔心诚。黔娄尝粪医父病，吴猛至孝身喂蚊。江革佣工养亲命，安安送米尽孝行。雪包行孝世间少，寿昌寻母天赐明。闵损行孝世人敬，蔡顺采桑为人君。我今孝堂来歌颂，但愿诸君听分明。二十四孝来表尽，世间许多行孝人。前世古人受人敬，后世何不照样行。

绕堂诗二：《丁兰行孝》

自从盘古天地分，伏曦兄妹洽人伦。忠孝帝君尧舜禹，国家让位给贤能。为人之子当孝顺，明君自重忠孝人。丁兰不知孝老母，哪知父母养育恩。终日进山把柴打，并未入学终愚人。日久养母生怨恨，总觉养母苦废心。对母产生不孝敬，见母总觉不顺心。突见山中羊跪乳，林中鸣鸦反哺亲。自思对母不孝敬，不如野兽与飞禽。我若对母不孝敬，无母哪能有自身。他见老母来送饭，飞跑前去接娘亲。老母见儿来得猛，怕儿又是不顺心。回身一跑被跌死，丁兰日夜哭母亲。诚心打柴刻木像，恰似好像他母亲。诚心打柴刻木像，问安送睡尽孝心。日久不改同样敬，树像却然生了灵。夜间叫母能答应，早去问安有回音。民间传言这奇事，传到君王知了音。御封丁兰是孝子，刻木奉亲悔心诚。丁兰愚夫不知孝，刻木奉亲榜样人。我今孝堂来歌颂，但愿诸君想前人。若思自己未尽孝，早点回头来得赢。丁兰确是愚夫汉，二十四孝标子名。世间还有多孝子，一时之间难数清，行孝之人数不尽，不报亲恩枉为人。你孝父母儿孝你，父母是儿女的带头人。

还有在行三献礼过程当中，通常由老先生带十岁出头的童子念的，以及与乐队配合的唱词。流传面很广，内容大同小异，如《行三献文》（节选）：

初献礼，在灵堂，感叹浮生空自忙。百年春光未知晓，瞬息之间到无常。彭祖八百归天界，颜渊三十二岁亡。妙药灵丹难保命，鲁班刻木深内藏。霸王虽勇乌江丧，韩信功高死未央。孔圣门下三千客，能有几人得久长。春秋列国诸侯位，自称五霸各钢强。荆界林中藏五帝，彭祖树下引三王。屈原为何投江死，介子因什抱树亡。自古圣贤皆如此，今人岂有不无常。

二行献，讲书文，为儿听得心内疼。

想我亲，受肮脏，育我一尺五寸长。我亲不得温和饱，才把尔等哺钢强。

指望儿，换门墙，立志向，守家邦。不忘我亲受劳困，不忘我亲受惨伤。

一二亲，想吾乡，为念心想百年长。哪知道，借无常，保儿百忍无三乡。

惨儿媳，跪灵堂，尽孝生凭诗两行。稍尽孝，敬温良，又无千字奉高堂。

又如今，苦难当，无为思念百年长。

勤孝顺，敬温良，尽孝道，象杨香，神内恙，死半伤，死后空留纸一张。

倒底要，跪灵前，痛苦悲伤，不由尔泪似汪洋。

真悲痛，实可伤，好不叫人痛断肠。

如科诗童子与通赞配合完成的歌《思吾亲》。

（童子）思吾亲、思吾亲，思亲不见泪淋淋。眼看孤灯闪泠泠，哪见吾亲在家庭。

（通赞）请歌《思天亲》，（童子）思天亲、思天亲，越思越伤心。远望着云山渺渺，哪见吾亲的身形。

（通赞）请歌一更，（童子）一更天，叹黄香，黄香九岁敬高堂。冬温席、夏扇枕，为了尽孝美名扬。

（通赞）请歌二更，（童子）二更天，想吾亲，两眼汪汪泪湿襟。为子不把亲恩报，枉在世间活个人。

（通赞）请歌三更。（童子）三更天，养育恩，养育深恩难尽说。一尺五寸身长大，若无亲恩焉能活。

（通赞）请叹四更。（童子）四更天，叹丁兰，丁兰无知几十年，林见羊鸦反哺义，刻木奉亲泪涟涟。

（通赞）请歌五更。（童子）五更天、金鸡鸣，一夜思亲泪淋淋。从今若想见亲面，南柯梦中见亲魂。

（通赞）廊下作乐送宾。

二、客家方言研究的开拓者董同龢

董同龢先生（1911—1963），江苏如皋人，清宣统三年（1911）十月十二日生于云南昆明。母家为浙江籍，而宦居昆明，先生即生于其外祖家，至四五岁始回如皋。后其父任职北京故宫博物院，乃举家入京。毕业于北京市立第一中学后，因肺病休养三年，民国 21 年（1932）入清华大学中文系，师从王力先生习音韵学。王先生所著《汉语音韵学》一书，即以先生之听讲笔记整理而成。虽体质羸弱，而用功活跃，曾担任《清华周报》副刊编辑，并膺选中国文学会主席。毕业后旋即考入中央研究院历史语言研究所，为著名语言学家赵元任（1892—1982）先生助手。民国 26 年（1937）中日战争爆发，随史语所辗转迁移，民国 27 年（1938）迁至昆明，民国 29 年（1940）冬迁至四川南溪县李庄镇，并与前来当时的北京大学文科研究所就读研究生的洛带人王叔岷先生（1914—2008）相识、共事。民国 32 年（1943）升任副研究员。民国 34 年（1945）战争结束后，随中央研究院迁回南京。三十五年（1946）获中央研究院杨铨奖金。1949 年随史语所迁至台湾，同年升任研究员，并受聘为台湾大学中国文学系教授（史语所仅他和王叔岷入中文系，其他多进历史系）。尔后除1954—1955 年赴美国哈佛大学为访问学人；1956 年赴日本京都大学短期访问，1959—1960 年赴美国华盛顿大学任客座教授外，均任职于史语所及台大中文系。1963 年逝世，享年五十三。

董同龢先生（1911－1963）

　　本地客家方言能够有幸被董先生调查，是因为当年史语所方言调查计划，在于"以最少的时间获得全国方言的大概情形"。而董先生执行史语所计划时，创造性地脱离汉字羁绊，依照语言研究之基本步骤记录汉语。1946年春，史语所第二次调查四川方言，先生于成都采访家住凉水井附近的卢光泉先生，记录华阳凉水井之客家方言（选点有可能受史语所同事王叔岷的启发），始尝试纯以描写语言学方法调查汉语，次年春撰成《华阳凉水井客家方言记音》，于1948年发表。该书的前言说明了选点的经纬及当时此地的风土人情。

《华阳凉水井客家话记音》1956年版封面

　　客家入川的经过在文献上简直没有什么材料可供参考。根据他们的族谱以及口头传说，现在只有三点可以知道。（1）时间最早的是清康熙年间，也有迟至同治时候的。（2）来源多说是"长乐"；即今广东五华县。（3）路线大致是经过湖南与贵州，由川南进成都平原。现在他们是在上述各地的许多乡村裏聚族而居。自称"广东人"，称普通的四川人为"湖广人"。据我所知，有好多村镇，十分之九以上的居民都是"广东人"。在茶馆里议事或"赶场"时做生意，都应用他们的"土广东话"。他们的保守力量很大的，虽然同时都会说普通的四川话以为对外之用，可是一进自己的范围，就有一种无形的力量使他们非说自己的话不可。据说他们都有历代相传的祖训，就是"不要忘掉祖宗的话"。小孩子如在家里说一句普通四川话，便会遭到大人的训斥……

　　我恰巧能得一个尝试的机会。据我所知，成都附近的客家话都已与文字脱离关系了。大概因为客家都是农工阶级，现时即在他们自己的乡镇里，小学或私塾都已以普通四川音教读了。固然不少的客家曾经读书，同时也有些小学教师或私塾先生是客家，但是却没有一个人会用他们的话读书。在这种情形下，我就不得不同时也更愿意改变以往的调查办法了。我是先问一些事物的名称或说法，以期在简短的字句中辨出必要辨别的语音。一等到辨音有相当的把握，就立刻开始成句成段以至成篇的语言记录。照理想，这样就应当继续下去，多多益善，以期在自然流露的情况下包罗万有。但是不幸卢先生的时间是有限的，同时我的调查费也不容许再请第二个人了。所以末几天只好用已得的语汇作基础，尽可能的再补完了一些事物的说法。

《华阳凉水井客家话记音》内页

三、二荆条辣椒

"要翻梢、种该椒。"

成功种植二荆条辣椒是客家人给本地带来的重要文化贡献。二荆条辣椒是辣椒的一种，本地人习惯叫"荆条子""海椒"（客家话叫"该椒"），是四川人非常喜欢的一种食材，因为销路广，产量大，经济价值高，客家民谚有"要翻梢（致富）、种该椒（辣椒）"。大草坪村螺丝坝的刘氏兄弟是最早靠种二荆条致富的代表，他们从几亩扩展到几十亩，后来用赚来的钱修了几十间大瓦房，对推广种植二荆条起了非常大的示范效益。二荆条辣椒杆架稍低矮，叶片稍小，圆尖形，果实细长，尖部有小回钩，像荆条子（荆竹子做的条子），因此得名。青椒碧绿如翠，红椒鲜红油润，结果周期长、产量大，要收三批，一批是青椒，这是非常好的下饭菜，农民餐桌几乎整个夏天都离不开它。二批是鲜红椒，六月果红，七月是高产期，要红透的，连带果把摘。新红椒上市，一家一户开始做辣椒酱，最大宗的就是"郫县豆瓣"，另外就是泡红辣椒。三批是留干椒，晒时用脚踩扁，又用干净麻袋收藏，这是煎"红油"做凉拌菜的最佳原料。二荆条慢慢发展成一种非常有地方特色的饮食文化。

"二荆条"写成文字，亦记为"二金条""二筋条"，其栽种历史不长，清道光《新都县志》载："海椒，土人谓之辣子，出繁阳山，形似金瓜，有红黄二种，土人谓之金瓜辣子。"清朝初年由客家人从广东和福建引入，经一些有创业精神的客家人多年实验，总结出在本地黄泥土上种最优质，籽送到平原油沙土上育秧效果最佳，最后推广经验，形成成都东山十陵、大面一带，南门牧马山（也多黄泥土）一带的主产区。主产区附近平原专门培育椒秧，椒秧专蓄与分种，是二荆条辣椒种植专业化与规模化的重要标志。十陵的种植户每年春种时，都去新繁、龙桥、大丰等场镇一带买回秧苗。秋后留干籽作种，等次年春新都木兰寺开木兰会（种子交易会）带到那里卖给坝上育秧农户。

从东山到海椒市

要种好"二荆条"辣椒并非易事。秧苗必须买平原上新繁崇义桥、龙桥、大丰等地培育的海椒秧苗。选种植海椒的土地，最好是选择"死黄泥"土壤的旱地，不能水田种植海椒。欠土，先把熟泥土翻一遍，把地下的生黄泥土翻上来（俗称"亢土"），欠细后再栽种海椒秧苗。打窝，打坑要标准，一般是"退窝"（株距）要 40 厘米，"板板"（行距）要 60 厘米。收获，三伏天采摘海椒。伏天收的红海辣椒最好，俗称有"三好"：籽少、虫少、烂（海椒）少。留种，留伏天收的海椒做种，将海椒籽拿到木兰寺及附近的场镇出售。东山黄泥巴地虽然也能育出海椒秧苗，但种下地后，长势差，结的海椒质量不好。新繁县那里是沙灰泥巴，育的秧苗根系好。春季，坝上育成海椒秧苗后，东山上的人到那里买海椒秧子，拿回来栽种。种辣椒有忌讳：不能重土，要轮种，3~4 年轮一次，死黄泥地种出来最好。重土了，辣椒叶就会"油"（油即是卷，实际是一种"螨虫"危害海椒叶）。当年双林、千弓、青龙、太平等村种植辣椒，除白沙土不能种植外，丘陵地大概有面积 5000 亩都能种植海椒。收成好的时候，亩产鲜椒 2000 斤以上，干海椒 400 斤左右。储存时，用麻布口袋装，离地保持干燥。

传统挑选辣椒的人（1941 年卡尔·迈当斯 摄）

郫县豆瓣原料，远销东南亚

二荆条辣椒富含辣椒素，辣椒素能够增进食欲，消除湿气，且以味道香辣出名，用途广泛。民国《华阳县志》："海椒，草本丛生……县人嗜之，每食必需，制法极多。"东山客家人和成都人家庭餐食中，是不可缺少的调料，如：红油海椒、胡豆瓣海椒、泡海椒等，也是招待客人的特色菜之一，如青椒肉丝、干煸海椒鸡、青椒回锅肉、醋渍海椒等。

用二荆条制作的辣油色红油亮，佐料干香贴肉，入口辣嫩味浓，为佐食佐酒佳品。做法是将二荆条晒干，砸碎成面，放一点煎熟的菜油，俗称：熟油海椒，面上的红油，色鲜、红亮、湿润、味辣、浓香。拌凉菜、吃面条时放一点，可增加香辣味。四川盆地高温多湿，空气闷热，夏天人体发汗少，周身不舒服，风湿性关节炎严重。吃了二荆条后，一身发汗，去湿，心里凉爽，减轻关节炎病痛。

本地用二荆条做胡豆瓣非常普遍。盛夏采摘成熟红亮的果实，洗净晾干后放在木制的秧盆内，垫上菜板，用一把特制的"宰刀"，接上一节1米左右的木柄，双手握住木柄，不断地"宰垛"红海椒，直到细碎为止，再用瓦盆装好，掺点菜油，放一些发酵过的胡豆瓣在里面，晴天时搁在院坝上让太阳直晒，同时每天要用匙或瓢翻搅，让下面的红海椒也能被太阳晒，十几天后盆内便会飘出一股股诱人的海椒香味，这就是闻名全国的"胡豆瓣"。豆瓣是川菜烹饪必不可少的调料，也可作蘸料，即四川人所说的"蘸水"，可增加菜品的香辣味。被誉为川菜之魂的"郫县豆瓣"，其原料主要就是二荆条辣椒，清光绪《郫县乡土志》中记载："胡豆瓣，川人常郁豆瓣去性，和椒以盐渍之，咸辣异常，以佐食味。邑有陈姓酱园所造最佳，远近驰名，凡官商之经郫者，必多购之，归以相馈遗，而陈因以致富。"各种辣食制作中，以"郫县豆瓣"为代表的辣椒酱尤为典型，可以说辣椒酱的普及与四川食辣风习的最终形成有着很大的关系，对川菜味型的确立影响巨大。因此，二荆条辣椒也是客家文化对四川最显性的影响之一。

在地里采收二荆条红辣椒（余茂智 摄）

二荆条由于求购者多，还形成了一些专业市场。东山上的集中销售点是大面铺，二荆条辣椒行家说价还发明了用"语尖么展菲、银天线来角"表示数字一到十的行业术语。送进城后，成都各大餐馆和豆瓣厂则到"海椒市"采购。20世纪50年代，东南亚的岛国，流行吃中国海椒。曾经斯里兰卡国家，在一次总统竞选中，候选人为了竞选成功，请求中国政府提供"华阳"牌的二荆条辣椒，确保选举成功。当时，作为政治任务下达生产计划，公社、大队、生产队层层下任务，确保完成收购任务。到20世纪60、70年代，因国家外贸需要，曾安排部分生产队集体种植二荆条，以干海椒交售给十陵供销社收购站，再送到沙河堡火车站集中上火车，出口到斯里兰卡等国家。十陵附近的农民在伏天收获的二荆条，只要打上"华阳"牌辣椒，全是出口免检，销量很好，既为国家创了外汇，又实现农民增收。

四、民风民俗

成都市沙河以东至龙泉山的浅丘、低山地区，传统社会被称作东山，其文化地理意义是客家人进入成都的据点。客家人在东山上选择适宜的地形开基创业，建起一座座竹林盘，林盘中的房屋一再扩建，从假六间到硬八间，再到东山大瓦房。出于客家人经商的天性，还利用东山的黄泥巴土种植出优质的二荆条辣椒，进而为川菜味型的确立作出显性的影响。利用东山上盛产的粗粮——玉米和红苕，酿造了著名的"东山烧酒"，既满足祭祀与食用的需要，还大量供应成都城区。这些事迹凝聚在"苏氏创业史"的故事当中，留下众多"××堰塘""××大院"等地名。国际大家如卡尔迈登斯、施坚雅，国内名家如董同龢等，在1949年前就深入调查并进行了国际传播。在成都向东发展战略下，城市化浪潮席卷东山，原来的传统村落演变成"青龙湖""绿道""大运村"等现代化公园城市。为了留住"乡愁"留存文化记忆，此处对十陵街道为传统村落民俗作点滴记录。

竹林盘

十陵境内原来有许多"老房子"掩映在地势中高的林盘之中，如大梁村的周家老房子、蒋家老房子、朱家老房子、陈家老房子、代家老房子，千弓村的

张家老房子、周同老房子，青龙的邓家老房子，大草坪的史家老房子、刘家老
房子、曾家老房子、谢家老房子、赖家老房子，石灵的雷家老房子、吴家老房
子。这些老房子是各姓移民入川后的立业之基，经历 200 年以上的发展，外观
上茂林修竹（王羲之）、美观整洁，内部人丁繁盛、和谐融洽，蕴含着朴素的
生态平衡和人地相适逻辑，可谓是尽善尽美的川西民居典范。

一座中型林盘全景，[①]（1941 年卡尔·迈当斯 摄）

无竹不成院

林盘外观并不规则，顺地势而为，比较统一的是以竹林为主，有"无竹不
成院"之说，即房子坐落在一大片竹林的偏南位置，所以林盘又叫"竹林盘"。
林盘内部组成比较复杂，能够保持水土、防风保暖，兼具绿化功能和实用功能，
主要提供建材、燃料（如竹树桠枝、竹疙篼、竹叶、竹笋壳等）、竹器具原料
等。竹子品种以慈竹为主，搭配少量的硬头黄、斑竹，边缘是较矮的荆竹子和
芦竹（一般在出水口有一小丛）。树不多，但很重要，如彰显家族历史的高大
风水树（又叫神树），树种不限，如柏、榕、银杏、黄连、皂角等都可以，客

---

① 房屋与竹林比例大致为 1：3，周围田地面积大致为林盘人数×2 亩。

家人还种红豆树,以寄托思乡之情,如在十陵街道的千弓、大草坪、石灵等村、社区原大院子竹林盘中种植。但以柏树最常见,取其长寿常青之意。有些树木是专门准备栽种的,如提供洗涤用品的皂角树和油患子树,如果准备修房造屋,需要提前数年培育一两棵作主梁的栋梁之材,又或者老人为自己规划的寿材。还有提供水果,且长势喜人的零星果树。整个竹林盘后方,还可能有一圈竹笆子,或者种密集的铁篱笆作围墙,以作限制鸡、鸭、鹅活动之用。忠诚的"中华田园犬"密切监视着林盘中的异常响动,让生活在其中的居民非常有安全感。

不可缺少的"篾匠"

竹林盘的实用功能丰富多彩,整体上有保温保湿的作用,主角儿是慈竹,是很多生产生活器具的原料。每个林盘必不可少的一个或一群人是"篾匠",经常坐在家里铺开摊子"划篾条"(加工竹子,实际主要是剖)。划篾条分几个层次,一是篾匠需要准备并熟练运用一套加工竹器的工具,如弯刀(砍刀)、锯子、篾刀(划篾条用)、手钻(打孔)、篾丝卡刀、铁插屑子、厚实的围腰(裙)等。二是到林盘里面砍竹子(通常是秋季,一是竹子虫少,二是年终农闲,加工竹器的时间相对充裕),根据一年的需要,先用弯刀砍下相应大、中、小竹子的数量,去枝桠,削平节疤,稍作加工后晾晒储存备用。三是根据用途,用锯子断成有用的短段,再将竹子划成块、片、丝、极细丝四种规格。四是根据家庭和市需求具体制作竹器。如将竹子分成段,主要加工修房搭架的粗竹长杆,做篱、搭架的细竹条,以及竹凳、躺椅、凉椅、娃娃竹椅、滑杆等的框架;将竹子剖成块,主要加工竹凳、躺椅、凉椅、滑杆、娃娃竹椅的承坐承靠部位,以及用于脱粒的连枷(连盖)。将竹子剖成薄片,用的工具是篾刀,其功能主要是开片篾,宽的"寸篾"(打围席、竹扇、竹篓等)、"一青二黄"(一片竹划出一片青篾、两片黄篾,纯青篾片制成的用品最好),用于制作蒸笼、斗笠、竹抓、火笼、鸡笼、鱼笆篓、席子、扇子等;将竹子进一步剖成竹丝,用于编制箩筐、筢筐、油篓、酱篓、小背篼、虾耙、大撮箕、饭箱箕、刷把等生活生产用具,铁插楔子用于给编制好的箩、篓、筐、筢立篾缝隙处撬隙以便打入硬竹签,增加硬度。将竹子剖成极细的丝,叫"篾丝",加工篾丝有专门的卡刀,是一具双刀,两片宽4分、长3寸的刀竖插在木条凳一端双刀口向内,两刀口逢通常是一分至两分,分别叫粗篾与细篾丝,竹子先划成细条,成捆,再放到双卡刀旁，一人坐木凳上，另一人将竹条卡入双刀口底，坐凳人用竹板压定，那一人再拉竹条直行，叫"过匀刀"，使竹丝粗细均匀，将竹丝切细，和桐油石灰，可补石缸、大瓦缸、坛，或与竹麻和黄泥一起用来塑神像、年久不毁。

生活中常用的竹器（徐平　摄）

以竹为市，自给自足

常用的竹器不管农具、器具，价格便宜，但都不很耐用，需要频繁更换。每年二三月是交易旺季，也有其他节令商品，夏天的席子、扇子、凉椅，冬天的火（烘）笼，就十分畅销。竹编多为农家副业，以老年男性操此活者居多，农闲在家编制，在满足自家使用的基础上，赶场时至集镇贩卖，或零售或批发全凭自己。

硬头黄壁厚实，韧性好，通常挑选长势最好的来做千担，长约两丈左右，用于收割粮食时抬大型农具如拌桶等，收获后，又用其挑谷草或麦草回家。斑竹和楠竹粗大结实，可以部分代替木材使用。斑竹竹节空间大，还可以作油筒和水筒。荆竹子细、结实柔韧，可以用来支撑蚊帐，或做钓鱼杆、菜架子。芦竹白中带青，非常晶莹，有特殊用途，一是打糍粑时不沾米，二是丧事上用，三是包粽子。丧事中有个特殊讲究叫"鞠躬尽瘁"，即孝子粗麻布做短面衣孝服，用缌麻在头上拴孝帕长至腰部，末尾撕成麻线垂至殿部，右手持一根七寸长的芦竹棍，在向死者或宾客行礼时，必须让芦竹棍和麻线同时触地，于是从前面看孝子的腰要弯曲得很厉害，叫"鞠躬"，从后面看孝子是殿部紧贴脚后跟跪着的，才能让麻线触地，叫"尽瘁"。

初夏采鲜笋为旺季，慈竹笋最多，斑竹笋为次，自己吃的，先剥壳后，再用清水泡后煮熟，以除去苦涩味。要送街市卖鲜货的则不剥壳，以保持新鲜。另外竹林中还有少量的竹荪，但很少食用。

　　皂角和油患子每年收获一次，皂角主要用于洗衣服，油患子主要用来洗头。皂角树生长极慢，长得比较高大，采摘不方便时要考虑另外培育一株，老树则准备锯掉。因质地坚硬，可以制作很多个菜板，主人通常会提前多年就向邻居和亲戚打招呼，作为联络感情的礼物。家中缺乏好菜板的，则提前向主人家预定。

传统的林盘中的假六间（胡开全　摄）

林盘的生态与民俗

　　林盘的管理讲究科学生态。上述品种的搭配，主要出于实用目的，却达成既相互竞争，又相互保护的格局，形成一个复杂稳定的小生态系统。为促进生长，每年秋季要砍掉一些粗大的和太过密集的竹子，保持竹林的疏松度以利于竹林整体的生长。秋季还有一个重要任务是剔树桠枝和竹桠枝，这既可以减少林盘植被冬季水分蒸发，又可以改善受光条件，利于来年更好生长。地下的工作主要是有计划地打竹疙篼（根），种新竹子，让林盘植被保持老、中、青几代结合，不至于竹子统一开花，然后全部死掉。将竹树桠枝、竹疙篼、竹叶、竹笋壳收集起来，是传统家庭的主要燃料。竹林盘的面积决定了可提供的燃料量，这与居住的人口相匹配，如果不足，要么再扩展林盘面积，要么用玉米芯和秸秆补充，甚至出外打柴。再不行就要迁出部分人口，另造林盘。风水树长在屋院前后，镇乡场头，树冠高大，浓荫似盖，或如龙如狮，有富贵、吉祥、兴旺的灵气，是一座林盘的标志。居民珍爱备至，每当年节，要给它贴上红纸条。树上宿的雀鸟，也决不伤害。风水树、大皂角树、郁郁葱葱的林盘，是苦心经营百年以上的成果，十分让人不舍。

林盘还有自己的民俗。如矮个子小孩有摇嫩竹的习俗，小孩自己夜晚去找一条嫩竹子，边摇边念："嫩竹妈、嫩竹娘、二天我长得跟你一样长。"第二天早上带大人去指认竹子，如果是长势苗壮的竹子，就寓意很好，如果摇的是蔫竹子，则说明眼力不好，选择不佳，不会长高了，如果想长高，需要诚心再选再摇。

林盘前面有池塘或沟渠作水源，然后就是坡上的地和低处的田。池塘边缘长些鸡嘴莲，夏天男孩会去采摘、也可捉鱼，都是天然的鱼儿，没人会管。鹅儿早晨出门，傍晚在水里把自己洗得雪白才回圈。林盘是川西平原农村住居及林木环境共同形成的盘状田间绿岛，成为集生活、生产、生态和景观为一体的复合型农村散居式聚落单元。埋葬于青龙湖西侧香花寺的明蜀成王曾有《对青竹》的六言诗这样写道："（序）宋贤黄山谷有赋。今名黄金嵌碧玉，唯吾蜀中特产。种出仙家紫脱，移自诗人锦丛。月来金影琐碎，风回玉韵玎琤。"传统林盘就是一片片自给自足、怡然自得的传统村落，既美观、又惬意。

东山大瓦房

现在青龙湖景区的朱熹宗祠，并排五道大门，每道大门向里有两个天井，横向可以互通。2003 年 7 月 28 日，龙泉驿区人民政府公布其为区级文物保护单位，后升格为市级文物保护单位，核定房屋共 89 间，天井 14 个，面积达 2559 平方米。这种格局叫东山大瓦房，客家话发音为"太哑屋"，是比假六间、硬八间等客家民居更高级的形式。原来青龙埂的苏家大院，以及东山上很多大院也是这种格局。修建东山大瓦房充分体现出"聚族而居""祖宗崇拜""固守礼节""酷信风水""注重防卫"等客家精神。

大若迷宫 其乐融融

建造大瓦时，房主会先选一处总体地形近似"凹"字，中间大致有十亩（约6000 平方米）以上，较为平坦开阔的宅基地，大约五分之三用于修房子，五分之二作院坝和水池。房屋背后和左右地势稍高，前方稍低，近处有一口池塘，稍远处有条小河，以利于用水和排水。客家人酷信风水，俗谚有"山管人丁水管财"，所以大瓦房方位大都是大门朝向东南，以符合"背山面水"和"坐北朝南"的风水格局。以现代眼光看，这种格局在我们身处的北半球季风地区，能为居室提供良好的采光和通风条件，提高了居住质量。主体建筑是并排三道、五道或七道大门，向后三重或四重屋脊，一进内含2~3个天井，周围再辅以附房、围墙，加上竹林盘的掩映和风水树的镇护。这种前面敞开，后面及左右严谨的、完整成型的大瓦房主体建筑及周围附属物总面积可达40亩（约25 000平方米）左右，给人一种宏大的气势和深不可测的神秘感。瓦房开建时，主人要根据族内当时健在的族人是几世同堂、有几房人来规划建筑格局。若四世同堂就修四重屋脊，一道大门进去有三个天井；若三世同堂就修三重屋脊，一道大门进去有两个天井。并排的建筑以中间大门到堂屋为中心线，呈中轴对称分布，同时要保证正中的堂屋是最高处和进深最长处，使整座房子表现为上高下低，中间高两旁低。之后两侧扩建的房子都以此为标准。一般一道大门为一房人，房间以满足当时族内主要人丁居住为准，大致10间以上，之后人口增加且地势适宜，可向两侧扩建，否则就另择地重新规划建设类似的建筑，建成后只能称新瓦房，称原来的为老瓦房。大瓦房大门紧闭后，内部各进的格局近似且可互通，如钟家大瓦房就被称作"九厅十八井"，对第一次进大瓦房的人而言，就像在走迷宫，但对全体住户而言，在严格的诗书礼教、家训家规等宗法制度管理下形成一个团结和睦、互通有无、其乐融融的小天地。

冯氏老瓦房（胡开全 摄）

孝悌忠信，客家族群的精神归宿

各家大瓦房内部结构大同小异，都是中间一列作祠堂，两旁居住。正中间的堂屋，又称祖堂，跟祠堂的功能一致，最外面一道门相对外墙向内凹陷约1.5米，据说是表示主人家的谦虚谨慎，同时也将大门置于两侧墙上的枪眼控制之下，门杠粗大结实，放门杠的槽孔做得很牢固，是在钉好的木方表面再包裹一层铁皮。门廊下是车轿房，也可堆放一些杂物。往里是一作为过道的天井，其他天井都作采光、排水之用，内置盆景之类的摆设，一般不作通道使用。上去进二门到下厅，下厅左侧为女老寿房，就是族中年长的女眷死后停放尸体的专门房间，旁边有守孝儿孙临时使用的看守房，右侧是男老寿房及看守房，开门都朝向堂屋，族内从堂屋往外看，仍体现了传统男左女右的尊卑观念。下厅朝上是敞开的，再往上是第二个天井，过道在天井四周，天井左侧有两根廊柱，往里为女宾室，是族内来了女客临时住宿的地方，后有一女用厕所兼浴室，天井右侧与左侧结构相同，是待男宾使用的。过了第二个天井就来到中厅，中厅是向下敞开的，这样在第二个天井四周就构成一片比较大的开放式空间，可用于族内节庆和办红白事时摆宴席之用。中厅朝上是一道两边各三扇可折叠的六合门，这道门中间四扇组成的中门一般不打开，只在家中住上屋的老人去世，娶新媳妇，族人考了功名，或来了高官贵客（叫大开中门有请）等特殊日子才开。平时进堂屋都从两侧耳门绕行，而且还规定族中女子、外族未经允许不得进入。再进去是第三个天井，这个天井有个特殊的布置，中间有几个平时不用的石蹬，只在族中子弟考上功名后开中门，由此径上堂屋向祖宗报喜。整幢建筑最高大雄伟的是堂屋，平时族长要维持堂屋庄严、肃静和神圣，在堂屋内不得堆放粮食、柴草、棺木及其他杂物，不得让人借宿，不得让工匠在此做工，更不能租赁他人和赌博。堂屋进深不仅大于下厅和中厅，也大于左右两侧的房间，达1丈8尺（约5米）以上。最高处的主梁离地也为1丈8尺以上，粗大，涂作红色，上有雕龙画凤和一些吉利话；往下有一条特殊的拱梁（也称衬梁），弯成扁担形，中间支撑点顶着横梁，用于挂大油灯。堂屋里始终是香烛燎燎，森严神秘的，正中神龛之上供奉着某氏堂上历代高曾祖考妣（考妣两字并列）神位，两旁为书写姓氏文化的神榜，然后是历代先祖单独的小神位。神龛桌面必备三样：神灯、香炉及供品，其中香烛很多为历代相传的、规格为朱砂或宝蓝色陶瓷，部分家庭有磬。神龛下面内部有"本宅中溜土地之神位"，供的是土地菩萨，有的又称之为掌管房屋龙脉的龙神。左面墙上还供有天地神，上书"天员三元三品三官大帝"，两旁为"晨昏三叩首，早晚一炷香"。天地神像下有铁制钉在墙上的固定香位，三个孔，中间插香，左右插蜡。两侧墙上主要悬挂对本族作出贡献的先祖神像，依时间先后为序。"奉先思孝""孝悌忠信"，这个不大的空间就是客家族群精神的归宿，在这里可以缅怀本族远及炎黄时代的得姓始祖、入川的始祖、最近四代的先祖，传承本族优良的家风和传统，并供奉护卫本族的家神和土地菩萨。管祠堂的人要严格执行每天上香的规矩，然后定期向后人介绍情况。祠堂的文化核心是"孝"，族人每到祖堂对祖宗追思一次，就是接受一次从炎黄时期到近代的文化洗礼和家族传统教育，这也是我国几千年文化从不曾中断的原因和具体体现。

祠堂之宅，亲情纽带

堂屋两侧各两间住房，是四房人的长辈住，与之相对的下方是晚一辈人的住房（在三重的大瓦房则作看守房）。各房人主要住在堂屋两侧，其房间和厅都要小一些，并增设了厨房和粮仓的位置，各房人日常生活起居相对独立。正中间一列从大门到堂屋都为族内的公产和公共场所，不得侵占或瓜分。这是客家人对宋代大儒朱熹制订的《家礼》中"凡祠堂所在之宅，宗子世守之，不得分析"训条的严格继承。

祠祭是在大瓦房的堂屋进行，我国传统上特别重视祠堂，朱熹在《家礼》中有"君子将营宫室，先立祠堂于正寝之东"，而且"或有水盗，则先救祠堂，迁神主遗书，次及祭品，后及家财"。东山大瓦房的部分堂屋，因在住房中间，受本族人的保护，祖宗神位、神龛、神榜等摆设大体得以保留，成为其宗族祠祭的场所，也成为家族凝聚力的象征。办"清明会"或"蒸尝会"的时间一般是前一年就约好的，在祭日的清晨，合族成年男子务必风雨毕集，不得迟到。即使散居到数十里、数百里以外，每年或每两三年也须与祭一次。族众是在坟祭之后，再回到大瓦房。入堂的祭者必须身着礼服，衣冠整肃。祭祀开始后，族众应依照辈分来列队，不得先后屡越。在按祭规行礼时，不得草草敷衍，也不得乱言、戏谑、喧哗。由主祭人、分祭人、司赞、司祝、司爵、司筵、纠仪等执事人员，分别负责主持、司仪、读祝词、管祭品、祭器、纠察纪律等。先念祭文、宣讲祖训，再行礼，最后上香烧纸钱。而且历来规矩是"务令骏奔娴熟，赞唱清朗"，不得在祭祀时弄出差错。之后是按排行先后，分别到中厅和屋外摆的坝坝宴落座，由族内管事的人通报族内公产上年的收支状况，今年需解决的大事，明年上坟的时间等。东山大瓦房的祠祭活动，成为同姓同族客家人联络亲情的纽带，传承家族传统的重要平台。

东山烧酒

钟家老烧房位于双林 7 组（现在属于十陵街道千弓社区），占地约 40 亩，村民 40 余家。原来全是钟氏人家，以酿造烧酒出名，有"先有老烧房，后有西河场"的说法。现在还有朱家烧房、钟家烧房、林家烧房等地名。其中钟家、朱家、林家各有两处烧房，说明烤酒技术具有一定的门槛，并不普及。客家人最初生产白酒，主要满足祭祀、饮用、售卖、制白醋等需要，实现敬神实用两不误。传统的烧房使用东山出产的玉米作主原料，再配点高粱，产的酒数量大、度数高，品质较好，到成都销售后反响不错，被成都人统称为"东山烧酒"。于是除自家使用和就近销售外，整个东山地区的烧房都扩大了产量，运到成都紫东街交易，产地统称更为文雅的"东山烧坊"。

烧房和老房子或大院并不在一起，这是酿造工艺决定的。自家蒸酒是冬季蒸醪糟，又叫"甜酒"，实际一年四季均可制作。先用冷水将糯米浸泡 8 ~ 10 个小时，滤干，倒入木（竹）制蒸笼中蒸熟，将糯米饭倒入簸箕中加少许水用筷子赶散，凉到以手感觉不烫为宜，撒酒曲子粉和匀，倒入瓦缸（坛）中，在里面用手做一个小窝（俗称"打井"），再倒入少量的已和好的曲粉水盖上盖子密封，用棉絮、谷草包裹保温发酵，数天后就成醪糟了。做醪糟要掌握好酒曲的多少和发酵时间，酒曲放多了或发酵时间太长了，酒味就会浓烈，这样的醪糟很"醉人"，但酒精度数非常低。中间某个环节操作不当，醪糟发酸，就失败了。

烧房的面积要比家庭厨房大得多，因为玉米等原料要事先发酵，再上蒸甑蒸，利用酒精沸点低的原理，将酒精从粮食中分离出来。关于玉米酿酒，民国版《华阳县志》卷三十二载："今县属山地多种之，供食、酿酒、饲猪，功居稻麦之次。"烤完酒的粮食叫酒糟，有浓烈的味道，这是烧房通常离住宅比较远的原因。酒糟堆放在一旁，可以用来喂猪和家禽，客家人发觉用粮食酿酒售卖，就已经开始赚钱，还赚了一批酒糟作饲料，有条件的非常愿意从事这个行业。在酿酒的过程中，农民发现酒糟里面粮食的淀粉减少，转化成了酒，于是称酒为"粮食精"。喝酒的人常用味道是否寡淡，或有没有水味来形容烧酒的好坏。而大量收购烧酒的人，为鉴别东山烧酒的好坏，总结出多种检验酒的方法，下面举几例：其一，堆花烧酒，用葫芦做的勺子，舀一瓢提起来再倒进酒缸里，若冲起的小泡堆成堆且散得快，则说明是好酒；其二，陈色烧酒，舀一碗酒放在光线好的地方，用谷草沾一滴菜油滴进酒里，若菜油沉底，则说明酒比油轻，纯度高（约60度）；其三，打火针，用打火的捻子浸泡酒后，点燃，将里面的酒燃完烧干后，再点捻子，仍能点燃，这就是成分最好的酒（60度以上，水分极少）。

酒铺（1941年卡尔·迈当斯 摄）

烧酒的用途很多，对于"讲礼"的客家人而言，是生活必需品，首先满足祭祀之用。罗振玉在《殷虚文字类编》中考证，"卜辞所载之酒字为祭名。考古者酒熟而荐祖庙，然后天子与群臣饮之于朝。"客家人固守《家礼》，每年办"蒸尝会"和过年，都要用酒在坟头和祠堂（或堂屋）祭祀先祖。举行仪式时，常用语有："瓶中有酒、开杯尊献，信居前程，酒斟初献、二献，三献下车之酒，下车下马之杯，斟酒元满三献，礼不重斟。"

其次是满足客家人好饮酒的习俗。只要经济情况允许，人们总是找各种理由喝酒。有些理由是必需的，要提前做准备。比如逢年过节、拜师、开业（工）酒，这些时候喝酒是遵礼、守礼。尤其是高强度的劳动，要慰问劳动者，保证劳动者身心愉悦和工作认真，如东山客家人最为看重的种水稻，就要办丰盛的"栽秧酒""薅秧酒""打谷酒"，工作期间一天吃五餐，上、下午"打幺台"。主人买叶子烟、打烧酒、割肥肉、杀雄鸡，待工人热情，办酒席丰盛。"打幺台"都是煎饼、糍粑、蒸馍加茶水，半响午（上午11时）、半下午（下午5时），女主人送到田边。午饭酒稍饮，晚餐酒尽兴，一醉方休。

用拌桶打谷的场景（杜建春 摄）

亲戚、朋友、邻居间相互祝贺好事时要喝酒，如结婚举办喜宴、为老人祝寿的寿宴、为小孩搞的"三朝酒""满月酒""百日宴"，都可能请人喝酒。然后是房屋落成后，邻居、亲戚都要前来祝贺，主人必备"园屋酒"招待。人多吃的大餐就叫"吃九斗碗"，因为已经有"九"了，就不单独再说"酒"，但主题仍然是喝酒。人少就自家人亲自下厨，做家常菜下酒。

传统社会普通家庭喝酒，大多用饭碗代替，一碗酒一桌人转着喝，街上小酒店也用碗，但碗较小较坦，是半黑褐色的土釉蒸（肉）碗，通常一碗装 2 两酒。装酒的酒壶一种是上釉圆形扁肚代嘴和把手的土陶制品。一种是圆肚、细嘴，有提手的锡制品。家里常有两个细瓷坛储酒（也用作装醪糟），锡制酒壶和瓷坛多是女人陪嫁之物。中老年农民多好喝酒，平时，如果酒瘾犯了，但因家贫不能常得，粜粮沽酒者众多。有的趁逢场之机，去街头巷尾小酒摊喝"跟斗酒"（卖零酒者用竹提打酒，倒入碗内形同栽跟斗）过瘾。有的则三朋四友上幺店子（乡间小卖部）或小馆子（苍蝇馆子）"打平伙"喝"转转酒"（喝酒用碗，一人喝过依次传递下去），下酒菜多为炒胡豆、花生、豌豆、油糕、麻花、豆腐干等，偶尔切上一盘卤猪头、猪肝之类的便宜荤菜，俗称"冷淡杯"。"打平伙"不是吃后算账，而是众人争相付钱，"堂倌"依次收钱，相对"平均"负担，酒后散伙。

喝跟斗酒（1941年[美]卡尔·迈当斯 摄）

喝烧酒除要量力而行，爱惜身体和钱财外，还要讲酒品酒德。客家人的《广东小儿歌》里有一首《劝商》，其中就有："莫滥酒，莫好赌，多积银钱办家务。"还有俗话常说"戒烟限酒，百病少有"，一旦酒后失言失态，甚至打架斗殴，会受到族人的严厉惩罚，如《刘氏族谱》在戒条中载："有酗酒生事，操戈内室者，杖四十"。

烧酒除了祭祀、饮用、售卖外，平时还有妙用，就是酒醋不分家，制作家醋。客家人喜吃醋，俗语有"咸湖广、淡江西、广东人（客家人）爱吃酸叽叽"。家醋做法是将新米煮的米汤在瓦盆里放四五天至馊，倒进上釉的新瓷缸，加1碗烧酒7碗水，密封后放堂屋或厨房里，7天后如果出现醋衣子（即酵母）就成家醋。家醋清花亮色，味酸，如果哪家要做家醋始终不成功，就到有家醋的人家要一碗有醋衣子的家醋，拿回家倒进瓷缸，按1∶7的比例加酒和水密封，7天后即成家醋，缸里醋不多时就按1∶7比例加酒和水，几天后又成了，这样家醋就长年不断。用家醋拌菜菜色清亮，味道酸爽，炒菜则酸甜可口，代表菜是成都的名菜"东山姜汁鸡"。家醋还可以起消毒的作用，治疗一些皮肤病。家醋很有用，但养护要特别小心，不能破坏菌群的生长环境，形成了许多禁忌。因此，客家人流传"家醋不送人，送人就不酸"的俗语。要了人家的家醋，不论多少都要"挂个红"（封个红包），哪怕一张红纸都行。

东山上的传统生活

美国摄影师卡尔·迈登斯（Carl Mydans，1907—2004）是西方近代著名摄影记者，他在 1941 年到龙泉驿拍照片，主题是反映龙泉驿这个小镇，但其视觉还移向镇外的农村，用镜头去反映家族（庭）的传统生活。方家是被选中的农村中等家族代表。笔者访问到合影中的方柏楷（下图方式一家合照图第一排左 3），他回忆当年家里的二嫂是福音堂的教徒，是她带卡尔·迈登斯来家里拍摄，前后共进行了约两周时间，非常真实细致地呈现出东山上一家人生活的状态。

方氏一家是由 26 人组成的四世同堂大家庭，中间的方大志是核心

（1941 年卡尔·迈当斯 摄）

方家拥有正房一座，附房两列，屋后竹林一片（竹林与房屋的比例大致接近 3∶1），房子左前方有一口小水塘，房前田、地、水渠若干，构成一个典型"田—林—宅三结合"的广义林盘。附房有碾房，里面有加工稻米的礱子、碾子、风车、圆筛等全套工具。另一边附房是圈房，里有两头牛，6 头猪，以及12 把锄头等农具。下面是传统碾房加工大米的四个步骤。

用礱子将谷壳礱松

再用碾子将谷壳脱掉

然后用风车将米中的谷壳吹掉　　最后用圆筛将没有脱壳的谷子，跟米分开

（四图均为 1941 年卡尔·迈当斯 摄）

　　方大爷有时坐在堂屋看书，背后是一个很气派的神龛，上供奉"方氏历代始高曾祖考妣神位"（方氏非客家人）。两旁是神榜和对联，还有祖上的神像。堂屋透露着一些书香，显示东山中等农户仍保持耕读传家的风范。方大爷有时还要教小孩（孙子和曾孙）读书识字，做一些启蒙工作，孩子们到了上学年龄则都会到学校就读。农民在家里有很多劳动项目，男子在家里主要做磨粉，加工大米等需要重体力的活儿。然后是晾晒粮食，维修农具等。妇女操作织布机和打草鞋的工具，然后是纳鞋底，掐编草帽的辫子，以及加工辣椒、茄子等大宗蔬菜，准备上市场售卖。女孩子从小学习纺纱和做针线，挣钱归自己作私房钱。男孩子负责放牛和打牛草。闲下来男子们坐在一起喝茶，还可以唱曲，乐器比较简单，主要有二胡、笛子、铜铃、阮。女人负责厨房，小女孩烧火，妇女掌勺做饭。当年东山乡村中等家庭在农忙时节吃的是白米饭，平时则要加些红苕和玉米。夏季桌上的菜主要有两样，炒辣椒和需要蘸水的蒸茄子。孩子们在院子里爱玩蛇抱①蛋，这是一项非常著名的游戏，很激烈，民间俗语有"好吃不过茶泡饭，好看不过素打扮，好玩不过蛇抱蛋"。当年一个房间有两张床，

---

　　① 四川话，"抱"意为孵，摄影师的英文注释为"snake guards her eggs"。

可能要住3~5人。所以方家这个有26人的大家庭，专门的寝室并不多。

民以食为天，农民的收入来源主要是种地。方家房前耕地面积是房屋和竹林的数倍，这也是方家主要的财产，其中尤其重要的又是水田。耕者有其田，可以耕种的田地才是农村家族（庭）存在的基础，不然那标志性的竹林和舒适的房屋就成了无源之水、无根之木，倾覆只在一瞬间。方氏一家地处东山，沟渠水源并不丰富，必须辅以堰塘和冬水田积水。为了增加水田面积，方家年轻人用龙骨车提水，以使稍高一级的土地能种植水稻。而房前矮一级的水田，在冬天不耕种，直接蓄水作冬水田，既可保证冬天方家居民生活用水，又能保证来年种水稻时所需水源。川西林盘中东山和坝上最大区别，就是水源保障能力的区别。这也是东山客家人，一旦发家后，都想到坝上购置一宗土地的原因。有些照片中记录了三人一排褥秧的场景，说明方家已经种下第一批秧苗，并长势良好。但同时一人在使牛犁田，另一人再进一步使牛耙田，使之更平顺，加上车水的几张特写，似乎在说当年水源不够，遇到了旱情。往年能够插秧的田没能一次性栽种水稻，现正在努力人工提灌，整理水田，争取能再扩大水稻栽种面积。但再高一级的旱地，主要是挖地，使之平整细碎，准备种其他旱作农作物，比如红苕。已经种上的，则继续挑水浇红苕苗等，不再奢望还能种水稻。方氏的主要劳动力非常勤劳，这一点从吃饭就能看出来，家里饭桌上只有一部分人，方大爷与女人孩子一桌，几位壮劳力一桌。另一部分人为了争分夺秒地完成水田规整，选择由家里人送饭到田间地头。团结一致的辛勤付出和井井有条的安排，使得方家安然度过1941年前后连续的旱情。

方家与市场的关系很紧密。从赶场的排场就可以看出些端倪。俗话有："一人供（养）一口，推车抬轿走；一人供十口，背包捞（拿）伞走；一人供百口，骑马坐轿走。"方家人数中等，赶场（赶龙泉镇）时，管理25个人的方大爷坐滑杆（在院子里检查组装，并配上遮阳布），由两个孙子抬，享受着"供百口"的待遇。儿子戴顶草帽，提着酒瓶，似乎是"供十口"的身份。儿媳提着一个篮子，要去买些家用的小东西。再带上孙子，一行八人，这个人数占全家约三分之一，留下的人继续忙各自的活儿。卖茄子的挑着担子单独快行，去赶早市。可以想见，其他时候，方家还会带着他们的生猪、粮食、辫子、草鞋、纺织品、竹器等上街售卖。到市场的目的包含了解社会动态，为子女的将来作打算。熟悉当下的市场行情，学习先进的耕种方式和农作物良种，决策自家田地物种和耕作方式的选择。他们在龙泉镇街上，先观察着路上和街上的各种行情。然后找一家茶馆坐下来，会一会老熟人，打听着各种消息，交换着各自需要的情报，其他人办完自己的事，又回到茶馆来集合，各自有各自的收获，稍作交流总结后，心满意足地回家吃午饭。整个上街的过程花销不大，但很重要，方家的人与场镇的人就是这样互通有无。

方氏一家 8 人坐茶馆（1941 年卡尔·迈当斯 摄）

摄影师出于正面塑造中国形象的目的，用其亲眼所见的真实，将一户中等规模的川西林盘生动地呈现出来。林盘实现了人地关系和谐，体现了儒家文化核心价值"秩序与和谐"。在外人看来，其外在标志包括竹林长势好，狗不轻易乱叫，燕子固定每年要来筑巢。而林盘中的这家人走到街上，特别是族长（或当家人）是否受人尊敬，是否充满自信，这种尊敬和自信甚至跟金钱无关。摄影师将其描述为："正如上面的那些图片所显示，与其说他们是自我任命，毋宁说是为了无关报酬的权威和尊严。"一家人将自家田地、生活经营得当，实现人与环境和谐共生，则可以很悠然地生存在东山乡村之中，行走于场镇之上。这代表着中国传统村民的文化自信。

大头菜与茉莉花

俗话说："人是铁、饭是钢，连整三碗硬邦邦。"在传统社会，多吃饭是最重要的事，要想多吃饭，方便且便宜的下饭菜就显得很重要。如泡菜、豆腐乳、豆豉、胡豆瓣、大头菜在日常生活中就充当主力下饭菜。但泡菜酸味重，豆腐乳和豆豉通常太咸，胡豆瓣太辣、吃多了上火。大头菜以咸香醇厚、美味脆嫩的口感，无论是凉拌大头菜丝，还是炒大头菜，都赢得了无数成都人的口碑，最受欢迎，凉拌大头菜丝曾经满街都是。

东山大头菜以十陵、西河、洪安、洛带为主产地。大户自备苗，小户多是买苗栽种。"处暑"撒种籽，"秋分"前后移栽，用平土成片栽种，多施水肥，次年正月成熟，去除根，洗净，并无鲜吃。"雨水"前后，在田坎上立木桩或依树牵竹条，以大头菜叶结把，挂吊晾晒，将收获的大头菜晾晒在早已搭好的架子上。约 20~30 天半蔫后取下，在每个大头菜逢中竖划一长条形口子，里面放少许盐巴和几粒花椒，其他生姜、大蒜、香葱、香菜、茴香都是重要佐料，酌情使用。然后放入麻坛内，满后坛口用泥封好。专门制作大头菜的农户，使用大麻坛，每坛约 200 斤菜（更大的可装好几百斤），用盐 8 斤左右，坛口用石灰泥密封。一个月左右，开封翻坛（翻不动也要想办法将水排掉），将坛内积余的盐水倒掉，再将大头菜放入至伏好（成熟）。每 100 斤鲜大头菜伏好后约 85 斤。一般人家则用小麻坛，每坛一二十斤，翻坛时不再开封，仅将坛子倒过来，让盐水回流至坛口慢慢浸出。麻坛以隆昌出产的为最好，因其质地细、密闭好，伏出的大头菜色黄、味香、微甜、不生霉。腌制时有两个小窍门，一是要有"金刚钻"，因为麻坛大，翻坛不易操作，需要在麻坛底部敲一个小洞，排腌制过程中大头菜排出的水，洞还不能太大，大了不闭气。开这个洞时，稍有不慎就会使整个麻坛开裂废掉。于是有一段时间农户用大塑料袋代替，但效果不佳，又转回来用麻坛，并请专门的人开洞。二是"违规"买盐，这是因为我们日常的食用盐，普遍是加碘盐。但用来腌制大头菜，菜心会变黑，失去卖相。于是农户组织起来去"想法"购买纯盐，以保证大头菜的色泽。

晾晒大头菜（余茂智 摄）

　　腌制好的大头菜呈黄褐色，光泽油润，咸淡适宜，色、香、味俱佳，入口甜、脆、嫩。大头菜是佐餐的好干菜，深受买主欢迎，也是东山客家人四时备用菜肴。因为市场销路好，东山上陆续开办了很多相关企业，如 1973 年石灵大队与石灵供销社在 5 组联办石灵大队土陶厂，由成都市土产公司提供材料并承包销售，主要生产大型土陶坛罐，用于腌制大头菜，但由于亏损较大，1975年停办。成都龙泉川灵食品厂，1990 年 4 月，利用石灵茶厂原址，生产腌制大头菜、泡菜，真空小包装。龙泉蜀王食品厂，以生产酱油、醋、大头菜加工、泡菜、樱桃罐头、橘子罐头等食品。现在还有广乐食品厂仍然在生产。

　　东山上面积最广、影响最大的花是面积广大的茉莉花，而且全部供应成都花茶厂。种茉莉花要求采摘、收购、挑运一气呵成。大面镇是茉莉花的主产地，当年种有数百亩，十陵、西河也有一定规模的成片种植。种苗来自福建，为多年生小灌木，枝矮四面网状伸展，年年冬修剪少花老枝、弱枝。浅丘黄泥土最宜生长。用水肥，肥宜充足。一年中从春到夏日三伏都有花，分别叫"春花""伏花"。春花赶上春茶，价钱好，销路旺；"伏花"熏茶香味最悠长。采茉莉花女人最多，选晴天，露水收了才下地，人人头上都戴斗笠、草帽，且必须眼睛好，才能辨识花的颜色与开放大小。采花提竹篮，轻摘轻放，花瓣嫩薄，不厚堆，忌翻炒。花宜送鲜，分家各户，采后立即送附近收购点，或成都东门大桥外成都茶厂设的专收站。下午摘的花，用大竹篮薄薄摊放，夜里用湿布轻轻盖上，让花瓣不变干黄，次晨，不待鸡鸣天晓，出家门送花。据说当年，成都茶厂需要的茉莉花，一半多是东山花农供给的。种一亩茉莉花赛过种两亩稻麦，可换取约 700 斤大米钱。

东山茉莉花（余茂智 摄）

种茉莉花的工序相当多，从春季三月春分节气前后，开始给盖草、整理剪干枝、摘老叶子、灌水。在清明节后茉莉开始发新叶（芽），施肥、除草或灌水。小满期间看花苗长势进行追肥、除草等工序。芒种季节就开始采摘开花或桶花，桶花要伏前叫正桶花。除三伏天叫秋花，价格逐渐往下跌，也就价格低、产量低、气温低，花农叫"三低"。三伏前开始中耕管理，窨花枝、发展穴具、除杂草、追肥等工序。立冬后进行冬季管理，工序分为：一除杂草；二追肥保苗过冬；三捆花枝、盖谷草等；四保花苗防冻，进行一个月时间要检查草盖好花枝没有的管理工序，促进来年花的产量更高。

茉莉花与茶一旦相遇，便相知相融，在茶厂手艺人的调配下，散发独有的润泽芬芳。香一分嫌香，苦一分嫌苦，恰是相逢此刻，最是欢喜。花间一壶茶，闲世不问天。未待冲泡，已芬芳扑鼻。一经注水，茶身舒展。茉莉花开的季节，来一盏花茶，做半天闲人。在成都茶铺"河（活）水香茶"招牌下喝盖碗茶，是"最成都"的生活方式。成都在闲情雅致之中，嘴巴还很刁。喝茶讲究"一道（遍）水，二道茶，三道四道是精华，五道六道茶脚子，七道八道拿起爬（走）。"为了能够一杯茶坐半天，喝茶只能品，不能牛饮。偶尔遇到不懂的，借茶解渴，以为续上就行了，一下子把杯中茶水喝干，茶客就要骂："哪个喊你把我的茶母子喝了的！"因为这杯茶再续开水，下面那层最浓的茶汤已经没有，味道就会很寡淡，不再有先前的茶味。

在很长一段时间，盛花时节，走到大面、十陵一带就能闻到四溢的茉莉花香。因为茶厂只要含苞待放的桶花（花粉没有流失，熏茶效果更好），难免有极少数开放的茉莉花。农户爱将其摘下来，把针线串成串，戴在女孩的脖子上，洁白、粉嫩、幽香，衬托着青春的气息，这是东山姑娘最优雅的打扮。后来东山上的人去茶厂学了手艺自己制茶，于是诞生了石灵联办茶厂，蒙山联办茶厂。

四、朱熹祠及文化

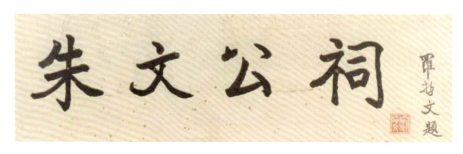

中国著名古建筑专家罗哲文为朱氏祠堂题字，朱文国提供

朱熹宗祠从中厅望上厅（胡开全 摄）

朱熹宗祠又称"朱氏陪祠"，位于千弓村4组。朱子后裔在清"湖广填四川"时期大量进入四川，乾隆五十四年（1789），用朱文公的名义，在成都府华阳县城内北打金街诸葛店（即现锦江区科甲巷），凑了七百两纹银，买范、刘二姓七家房宇建"朱祖文祠"。后来，由于香火鼎盛，族众人繁，车马拥挤，轿竿累叠，祭祀常断。道光二十四年（1844）春，选择原华阳县西河场（现龙泉驿区十陵街道千弓村4组）半截河"朱氏宗祠"作为陪祠，以配合总祠祭祀。

东成十陵

　　"朱氏陪祠"其最早部分建于明崇祯十四年（1641）。清康熙五十八年（1719），文公（朱熹）第 23 世孙朱必达带领家人，从广东长乐（现五华）县迁成都府华阳县东门外，离城三十余里，落籍半截河，并用二丈红布、一只大公鸡从陈姓手中换取，维修居住。清嘉庆二十四年（1819）春，由朱必达之孙朱朝云扩建，又由朱朝贵、朱朝宗、朱朝云、朱朝发、朱朝玖、朱朝阳捐资，设立"半截河朱氏祠堂"。接续粤兴于清皇康熙戊子（1708），每年"春分"为祭祖日传统。

　　在清道光二十四年（1844）被成都科甲巷朱祖文祠联宗会确定为"朱祖文祠之陪祠"后，经朝云公之孙荣元公三年缮建，陪祠建筑面积达 2559 平方米，修建"朱子书院"并扩建 19 间，占地 1164 平方米，保持至 1958 年。形成规模宏大，有书院、家庙五堂等房屋 89 间，天井 14 个，房屋间间相通，且可一门关尽格局。进入正厅堂上悬挂木制横匾：理学传家。神龛上放文公牌位：沛国堂上（昭、穆）始高曾祖（考、妣）神位。两旁挂对联：恩承博士名重五经，德配先贤典隆十哲。大厅上方大梁用金粉镌刻"世代兴隆""长发吉祥""朱熹宗祠"等，屋顶镶嵌"福、禄、寿、禧"四个大字组成的图案。院坝 1400 平方米，南沿种植桂花树 9 株，象征子子孙孙久久富贵。在房屋周围 250 米内挖置三堰三塘三水田围绕宗祠三面，水面达四十余亩，意味着宗祠久久丰润。林盘 8000 余平方米，红豆树三十余棵，远看山清水秀，古树参天，郁郁葱葱，陪祠被当地人称为"好家伙"。近看祠堂古朴，荷塘飘香，茂林修竹。楹联满挂，现抄录部分如下：

　　宗额：

　　理学传家

　　宗联：

　　（1）德配先贤典隆十哲，恩承博士名重五经。

　　（2）沛国苗裔百世炽昌，考亭远绍理学流芳。

　　堂联：

　　（1）迁移自闽赣粤而来，氏族清康，斯地莫安称梓里；

　　裔嗣逾宋元明以后，诗礼启佑，几人腾鬻咏梧冈。

　　（2）由孔孟而来，二千年卫道传统，独振斯文统绪；

　　当光宁之世，五十日格非陈善，允宜此地烝尝。

（3）继祖宗一脉真传，克勤克俭；

教子孙两行正路，惟读惟耕。

（4）凡今之人不如我同姓，聿修厥德无忝尔所生。

楹联：

怀古壮士志忧时君子心，

寄言尘中客莽苍谁能寻。

门联：

（1）家藏万卷古人书，门对君子千竿竹。

（2）佩韦尊考训，晦木谨师传。

匾额：

道学渊源、光赠仕朝、辉星娶宝、大德必寿

书院联：

（1）大哉夫子之功，百世权衡，六经羽翼；

远矣斯文之统，周程私淑，孔孟闻知。

（2）世上几百年旧家无非积德，

天下第一件好事还是读书

院额：

紫阳遗范

书院门额：

朱子书院

朱熹宗祠的祭祀活动（杜建春 摄）

1948 年，朱熹陪祠中断祭祀活动。1984 年春分，恢复祭祀活动。朱熹后裔严格按照传统习俗，每年举行"春秋祭祀"活动，在"引赞"的引领下，净手、整容，然后再行祭拜——上香、献帛、致拜等仪式活动。

2002 年春，中国人民大学教授、孔子研究院院长张立文为"朱熹宗祠"题词：朱子书院。5 月 3 日，组建朱熹宗祠管理委员会（简称：宗祠管委会）筹委会，陪祠正名为"朱熹宗祠"。

2003 年 2 月 24 日，哲学史家、宗教学家、国家图书馆馆长任继愈先生，为"朱熹宗祠"题写祠额。7 月 28 日，成都市龙泉驿区人民政府公布"朱熹宗祠"为区级文物保护单位。8 月 28 日，任继愈再为"朱熹宗祠"题词。

2004 年 3 月 19 日，朱熹宗祠管委会承办《朱熹与龙泉驿文化发展论坛》在龙泉召开，全国 11 省、市和日本的 70 余名专家、学者参加，并到宗祠参观、考察。3 月 22 日，原全国人大常委会委员长朱德的儿媳赵力平携子朱全华，前来"朱熹宗祠"参拜，并为其《认祖归宗书》揭碑。10 月 3 日，中国科学院院士、中国科学技术大学原校长朱清时，专程到成都，对"朱熹宗祠"保护和发掘传统文化资源进行考察，并挥毫题写："建设好朱熹宗祠"。10 月 17 日，朱熹宗祠首届文公会筹委会决定恢复朱祖文及朱熹宗祠"联宗会"功能，每年举行春（分）秋（九月十五日文公会）两祭。10 月 28 日，"四川省文公会暨首届朱熹文化节"在"朱熹宗祠"隆重举行，来自全川各地的朱子后裔代表和成都各大高校专家、学者计八百余人出席，省政协原副主席章玉钧到会祝贺并致辞。

2005 年 5 月 18 日，社团登记管理机关核准朱熹宗祠管理委员会章程并颁发《社会团体法人登记证书》。

2005 年，成都十陵风景区规划建设青龙湖，湖水将淹没"朱熹宗祠"。几经协商，最后采取朱熹宗祠原址保护方案，在湖边新建防水堤，在祠前建排水沟并配套抽水泵，并增设文公殿、书院、祠堂等。在弘扬中华民族文化和历史传统文化的大好形势下，保护好"朱熹宗祠"，具有历史和长远意义，相信"朱熹宗祠"会焕发出它的历史光彩。

2013 年 9 月 28 日，成都市人民政府公布"朱熹宗祠"为第五批市级文物保护单位。后经各方力量全力维修，该祠堂成为青龙湖畔的一道靓丽风景。

第二章　人文十陵（下）

第一节　三线文化

　　十陵街道有四个特殊的社区，其特殊之处在于社区里面很多人讲重庆话和普通话，然后是有浓浓的军工厂文化氛围和昂扬的家国情怀。他们就是常规兵器部的四个引信厂家属区，当年国家搞"三线建设"时，这些前辈们响应"好人好马上三线""备战备荒为人民"的号召，来到重庆的常规兵器基地搞军工生产，保质保量完成了建设和生产任务。后来改革开放时期又实施"军转民"政策，开始为重庆的嘉陵、建设摩托车和长安汽车生产减振器、离合器、仪表、电装品等零部件。最后又从山区调迁到十陵街道，使得本街道人口接近翻番。1990年底，当时的石灵乡原有人口2.8万人，而4个军工厂职工、家属共来了2.4万人，对本地影响巨大。随着成都城市的发展，现在生产厂全部搬迁到工业区，并与社区完全脱钩，十陵街道仅剩下纯粹的居民社区。在社区里听老人们讲当年创业的故事，感受那种家国情怀。

十陵街道慰问"在党五十年"的老同志，军工社区的老同志数量最多

　　中国领导人历来有经略西部地区的梦想，但限于交通条件和经济实力，很晚才得以真正实现。1964年8月，毛泽东本来准备考察黄河、长江上游，但

是，8月5日，越南发生"北部湾事件"，美国军队开始轰炸越南北方，战火向北威胁到中国，8月6日早晨，毛泽东在一个批示中说："要打仗了，我的行动得重新考虑。"紧接着，8月中旬，中共中央书记处召开会议，讨论三线建设问题。遵照中央的部署，国防工办于1964年9月初，决定迅速组建10个勘查小组和一个中心组前往三线地区选点踏勘。三线建设迅速地、大规模地、同时又是保密性很高地全面铺开。1965年11月至次年1月，邓小平带领中央有关部委的负责人视察西北和西南地区三线建设的部署。1966年1月在军队政治工作会议上说："我们大小三线一抓，不仅国防意义很大，建设意义也是很大的。"于是，从1964年至1980年，国家共投入2052亿元的资金和上千万人力，历时17年之久，在三线地区13个省（自治区）和一、二线地区腹地，建设起了以国防工业、基础工业为主的近2000个大中型工厂、铁路、水电站、科研院所等。由于三线企业是在紧迫的局势下进行建设的，当时称"三边"，即"边设计、边建设、边生产"，设计粗糙，布局比较混乱，在总体上考虑不周全，漏项较多，这样为企业的发展留下了很多隐患。国务院于1983年11月20日正式作出决定，按照"调整改造，发挥作用"的方针，全面开展了三线建设的调整改造工作。1983年12月3日，国务院决定成立三线建设调整改造规划办公室，之后进行调查统计，得出在所有1945个三线企业和科研院所中，建设成功的占48%，基本成功的占45%，没有发展前途的仅占7%。国家计委三线建设调整办公室原主任王春才回忆，到2006年结束时，共调整了400多个单位，搬迁了200多万人，调整后的部分三线项目成为西部的骨干企业和产业。

十陵本地有天兴、华川、宁江、江华共4家三线企业，全部来自重庆常规兵器工业基地。重庆原有7个老厂扩建为主机厂，如长安厂（四五六厂、江北茶园）、江陵厂（一五二厂、江北大石坝）、空压厂（二五六厂，九龙坡杨家坪）、建设厂（二九六厂、九龙坡杨家坪）、嘉陵厂（四五一厂、沙坪坝双碑）、望江厂（四九七厂、江北郭家沱）、长江电工厂（七九一厂、南岸铜元局)。重庆三线配套厂布局主要分南线和北线，北线以华蓥山一线为主，共8个三线厂和2个小三线，包括华川和江华厂；南线在南川县附近，共有12个厂和一个研究所，包括天兴和宁江厂。常规兵器生产弹的厂多是单线条协作，比如生产高射炮炮弹，专门生产火帽（精细火工品）的华川机械厂（二〇四厂），提供给生产延时引信的天兴机械厂（五〇〇四厂），再提供给生产高射炮弹的益民机械厂（三八三厂），他们又共同到泸州化工厂（二五五厂）购买相应的火药和炸药，再跟主机厂配合，并与钢铁和机械厂横向合作，利用附近的交通和电力完成相关配套，从而形成我国规模最大最完整的常规兵器生产基地。他们当年怀着"备战备荒为人民""好人好马上三线"的使命，在"靠山、分散、进洞"的原则下选择山区建立企业，（并在"珍宝岛事件"、对越自卫反击战、两伊战争中立下功勋），后在军转民中二次创业，并调迁到成都继续发展，还在神舟发射中再立新功。现在生产企业虽然调整到工业区，但 4 个社区仍然洋溢着浓浓的三线精神，是本地非常有特色的社区文化。

20 世纪 90 年代末以三线企业为主的十陵工业区（金士廉　摄）

一、国营华川厂

内容略

二、国营天兴厂

天兴社区是天兴厂（5004 厂）的家属区。"天兴"得名于该厂曾位于三线建设时期重庆南线的天星沟。下面是原来的宋厂长回忆天兴厂的发展历程。宋世忠，1942 年出生于天津市，1953 年入学清华大学附设工农中学，1957 年毕业后回到天津国棉一厂。1958 年又回到清华大学附设工农中学并准备考大学，后被保送北京工学院（现北京理工大学）。1963年毕业之后分配到西安844厂，后来在厂里当机床车间的技术组组长。1966年调到天兴厂，并随着大三线建设搬到四川南川县，但"文化大革命"时期厂里停工，1977年恢复生产，1985年左右工厂开始军转民，后来主要生产摩托车和汽车仪表。

原来驻十陵街道的天兴集团（金士廉摄）

嘉陵70摩托曾经是一代人的记忆

我出生在一个职员家庭。曾在天津国棉一厂（国营第一棉纺织厂，天津七个国棉厂之一）当学徒工。1950年8月，参加了中国共产党，同年，被提为车间工段的工段长，后又从工段长调到厂办里当人事科管理员。1953年，清华大学和天津大学工农中学共同招工，我就考到清华大学附设工农中学，毕业时被保送到北京工学院（现在改为北京理工大学）了。1963年毕业分配到西安844厂，在机床车间，后来当了机床车间技术组组长。

1966年我调到5004厂，就搬到四川来了。当时西安不属三线，我们支援三线建设，从西安844厂来到叫大三线的5004厂。1966年我们在重庆南川搞新厂建设的时候，生活确实挺苦的。当时是搞"三通一平"，没路，没电，没水。刚进沟里头我们有的住在农房，下边是牛棚，上边住人。我们在南川是五个厂，都搞军工，有宁江、红泉、红山、庆岩、天兴，五个厂。五个厂都是军工，庆岩厂是搞炮的；红泉厂是搞镜子的，瞄准镜；红山厂是搞压铸的；宁江厂和我们一个系统的，是搞触发引信，我们搞时间引信，那个是碰到爆炸，我们这个是按时爆炸。

那个陵川（167厂）是造炮的，和我们是一个系统，我们是造弹里面的引信，弹在哪儿造呢？弹在成渝线上的荣昌383厂，荣昌那里有两个军工厂，他们是装弹的。但我们当时联系很少，有时有合作，有时没有合作。我们开始建那个厂的时候还比较好，当时地方都很支持，那时大三线建设，地方对新工厂的建设，确实很支持的，这个我知道。当时搞建设是最困难的时候，物资供应、生活供应、民工供应都很困难，但我们住在山中干引信，（供应）都不缺乏，地方上都有保证。当时没什么交通，生活用品需要运输车到很远的地方去拉。

我从重庆坐火车回来要四个小时，下午五点钟上车，晚上九点钟到，厂里车还出去接，不像现在交通那么方便。我们处在沟里，晚上出了问题，县委来现场出一趟工都很困难。我们作为领导有时候还可以出去，我们的子女、家属蹲在沟里经常不能外出。后来好了一点，我们买几辆大客车接送。

我们那条沟当时有两千多职工，连家属就五六千人。建厂那会儿人少，从1977年开始家属才进去。"文化大革命"的时候，建设停了。当时军管都进了三线，我们厂是军管。地方的造反派冲击我们，为了不让他们进来，那怎么办呢？只有赶紧把路炸了。然后主要在抓厂里面的建设，厂里面从1966年开始建，到1977年，老厂的各方面基本也就建成了。我们是844厂包建的，技术人员、工人、家属，都到了。1977年基本把人都调齐了。技术人员、管理人员都是从老844厂派过来的，还有一部分是从152、354厂及泸州化工厂调过来的。还在地方上招了一些人，我去的时候，涪陵地区跟南川县委，他们的领导都到厂里来过，他们都比较满意。跟地方的官员还是有一些交往，工作单位上来往不多，但是生活上大部分来往都很好的。对地方的发展还是有一定影响，生活上，主要是成立一个公共商店，就在南川，牛、羊啊，那些日用品啊，都供应。

投产后我们是生产65引信。当年就定了型，开始大批量生产，毕竟那触发引信比较简单一点，没有时间引信复杂，时间引信拨三十秒，三十秒之内必须要打到一万米。等我们定了型之后，西安844厂就不干了，就我们在干，是全国唯一的。

这个时间引信的用途，主要是守那些桥梁，那些大型工厂，有时候一次出去就是六发。斯大林格勒大决战，守那个桥梁，桥梁那儿必须用到那个高射炮，一次上去六发，六发全是时间引信。我们那时候还生产了好几种弹，我们内部就叫"204"。那个主要是炸坦克。因为它是靠飞机投下去的，坦克群来了之后，飞机直接飞过去，然后到了一定的高度，把它投下去。我们是生产母引信，母引信里面又有101发子引信，子引信拿来炸坦克，那一百毫米厚的钢它都可以穿透。

1984年左右，国家就喊军转民，那个时候全国都搞军转民，我们就开始了。搬到十陵来的实际上属于民用的，纯民用的。我们那阵生产摩托车仪表产量达到一百多万。

这是我们厂的技术，仪表跟那个钟也是一样的，那个来源就是计时引信里面那个钟，就用这个技术转到座钟，可以计时十五天，再转到仪表。当然座钟生产得不多，这个摩托车的仪表、汽车仪表是全国老大，天兴仪表是全国最大的。

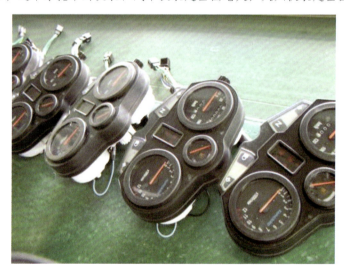

天兴厂生产的摩托车仪表（杜建春 摄）

工人的生活水平，就（十陵的）四个厂来算的话，我们厂算好的，但不算最好，在中等以上。十陵这四个厂，我们天兴厂（5004厂）搞延时引信仪表；宁江厂（564厂）搞减震器；204（华川厂）搞火引信、雷管、火帽；354厂（江华厂）搞化油器。当时部（五机部）里面就把摩托车这块儿，凡是嘉陵厂不能干的，还有长安厂那个汽车，它们不能干的，都把它分给我们。我们自己去选，你能干哪个部分，你能干哪个零件，你就去选，选了之后，然后实制，成功了，就拿到那个配套上，去搞测试，配套上认可了，你就做。

五机部在重庆的兵工厂除了我们几个配件厂，其他主机厂如建设厂是造步枪的，它步枪做得好；望江厂是生产炮的，就是舰艇上面的炮；嘉陵厂是造子弹的；长安厂是造机枪的。当时部里面的意思，长安厂原来就造过吉普车，所以部里就让生产奥托车和长安面包车。嘉陵厂实验搞了摩托车，就是本田摩托车。这两个厂技术力量强，有时候就牵头把其他厂联合起来。部里面就对我们厂说，你们没有民品干，就到嘉陵厂干配套。并说，你们反正是搞仪表的，那你们就生产仪表，就是这样，摩托车仪表，也都给我们，还有油泵、点火器，这个也拿给我们搞，我们现在都还在搞，点火器、化油器。现在是生产汽车仪表了，而且主要以汽车仪表为主，汽车仪表又以高档的汽车仪表为主。

我们搬迁的时候，564厂跟我们同时搬迁。开始的时候是打算分开建，部里面非要我们俩建在一块儿，两个厂，部里面你要是不建在一块儿，就别搞，当时就叫"双四"（5004厂与564厂），204在合川，当时还没有参与搬迁。

三线搬迁选址，开始我们选了重庆渝中，但感觉那个地方热，就到成都来了。成都先到温江，温江离城区远，不行。不行以后，就跑到龙泉驿来了。我们想离城近一点，出门方便一点。另外离西安近，我们厂有很多西安人。

我们军转民比较成功，167厂不太成功，354厂也不成功，最后是垮了的。对三线政策的理解，我感触最深的就是咱们花那么多钱，投入那么大，我感觉还是有一定作用的。兵工厂移到这边来，对地方建设来说，是起到很大作用。像航天、航空，弄到西南来，确实还是有一定作用，就现在发展来看，还是成了规模的。现在四川的发展，我感觉有很大一部分是从三线转过来的，如果没有三线建设，我看四川发展没有那么快。现在咱们回过头来看，当时让我们搬迁出来，有些很值得干，大家都比较满意。

三线也有些不成功的，如咱们涪陵地区，搞了一个816核材料生产基地，那个是世界最大的人工洞，我去过，但没用，浪费不浪费？我看是浪费啊！确实有点可惜啊，花多大力量搞，但一点儿没生产，还一点儿没动，这样看呢，浪费不小。但反过头来看，咱们今天看当时，也不错了，现在总体发展也挺好。

当时对地方来说，我们进沟的时候，天星沟很不发达，当时我们早晨从农民那儿买点菜，如果过了早晨，一天就没有了，上边没禁止的时候，我们当时都是到外面自己买，靠农民嘛，有的东西不保证。我们要是来个亲戚朋友，请到沟里去，我早晨买不到东西，这一天都买不到东西了，不发达。那个时候还没有冰箱在家里，不像现在有冰箱买啥都方便。我们出来的时候，南川县的人员带出不少，我们厂现在，家住南川的不少，就业不少。当时我们是个小社会，医院、学校这儿都有的，也让当地的人就医、就读。

生产上我们服从部里的，部里给我们下达任务，我们没有更改过，必须完成的。军工厂就是讲究"必须完成"和"军工品质"啊。而且把关有军代表，军代表住厂子里，我们生产那批要抽些去打靶，打靶合格了才能出厂，打靶不合格不能出厂的。不合格，他不要你的，他不收你的，我们也不能出去。到部队后不合格的都要返品重新装。

这是计划经济，他下多少计划，你就生产多少。生活有保障，工资有保障。特别是在南川县，我们职工在当地都很羡慕。当地招的学徒工进到国营兵工厂，地方很重视的。当时咱们兵工企业呀，在地方来说还是比较好的，比较吃香的。过去我们厂里有文艺队、舞蹈队，每年中秋、春节，我们厂里自己就可以搞一台节目。那段生活经历很值得怀念。

三、国营宁江厂

宁江社区是宁江厂（564厂）的家属区。宁江得名于该厂曾位于三线建设时期重庆南线的江口镇，且大部分人是从辽宁来的，就各取一个字。在宁江社区，我们一次约请了宁江厂（原五机部564厂）原来的厂长李敬扬、书记邱继泉、总经济师魏总、检验部马述贵四位老同志。因为李敬扬毕业就分配到宁江厂，而且任厂领导时间最长，最熟悉情况，现场以李敬扬厂长讲述为主。

奥拓车曾经风靡一时

团结求实、苦干进取
——调迁最成功的三线企业

国营宁江机械厂（五机部 564 厂），是三线建设时沈阳东北机器制造厂（724 厂，前身是民国初期张学良创办的东北机器厂，日本、抗战后民国政府都曾使用过）的一个引信车间包建的。1965 年选址重庆市南川区水江镇川湘公路旁的一块平坝，距南川县城 26 千米，跟天星沟的天兴厂（5004 厂）30 千米，跟重庆市区 200 多千米。当时设计占地 1050 亩（71 万平方米），分为 300 多亩的火工区，然后是小山头下面的机加区、装配区，生活区离生产区较远，总投资不到 1000 万元，核定职工人数 3000 人，年生产能力 70 万发大口径炮弹引信。当时重庆常规兵器分北线和南线，北线以华蓥山一线为主，南川县属于南线，共有 12 个厂，其中南川县 5 个厂和一个研究所。宁江厂是第二厂名，是在辽宁省和水江镇各取一个字而来。选址批准后，来了上千基建队伍，从 1965 年 8 月开始兴建，到 1966 年底初具雏形，最初的骨干人员是从沈阳老厂来的 600 多人，主要担任厂领导、中层干部、各车间主任等。受文革影响，建设工作中途停了一段时间，"珍宝岛事件"发生后，被要求参与打坦克的防滑帽生产，建设重新开始，到 1971 年正式投产，当时职工不到 2000 人。

宁江厂主要生产各种大口径炮弹机械触发引信，先后生产和试制了 6 种军品，如榴弹炮 100、122、135、152 口径炮弹的引信，向全国多家弹厂供货，大批量的有山西太谷的 753 厂，重庆的益民机械厂（383 厂），雷管、火帽、火药向外购买。越战期间，宁江厂主要生产高射炮引信，年产量 10 万发左右，自卫反击战时生产量开始增大，到"两伊战争"时达到顶峰，年产量超过 100 万发，超过最初的设计能力（70 万发），效益也好，年产值超过 4000 万元。引信是炮弹中价值最大，最精密的部分，国内售价 40 元/发（约等于当年在职职工一个月的工资），国际售价 40 美元/发，一枚炮弹的价格又是引信的约 10 倍，真正是"大炮一响、黄金万两"。这意味着宁江厂的产量消耗出去，就会造成上千万人一个月的工资化为炮灰。而每一次火箭炮营齐射，消耗数字上都等同于一个当时的国家三类企业。

军工社区转化为百佳社区（杜建春 摄）

我是 20 世纪 70 年代从成都电讯工程学院毕业分配到厂的 20 人之一，当时分到宁江厂的大学生有清华、北大、北理工、电讯工程学院等，占职工总人数的 7%左右。在这些大学生中，我逐渐脱颖而出，开始担任行政职务，1985 年任厂党委书记，后来出任厂长，参与厂的很多重大决策。

1983 年上级要求"军转民"，但宁江厂因为外贸效益好，并不重视，仅试水生产沙发、眼镜，还仿过海鸥 120 相机，但都不成功。1985 年开始，外贸订单逐渐萎缩，宁江厂不得不开始认真思考自己的民品主业。当时嘉陵厂与日本本田公司合资生产摩托车，很多进口配件价格昂贵，希望五机部内同系统的厂家能分担生产摩托车零部件。1988 年，宁江厂从摩托车前支架开始，然后生产后减震，最后生产前减震。该厂生产的 JH70 型摩托车减震器于 1989 年 11 月通过部级生产定型，达到日本同类产品质量，但价格仅为进口配件的四分之一。

在此基础上，宁江厂向研制生产 JH125 型摩托车减震器发展，并于 1989 年开始跟长安微型汽车配套，进入汽车减震器行列。

在这个过程中，宁江厂也经历了很多探索，一方面要提高质量，让客户满意，另一方面要提高效率，让产品的价格具有竞争力，同时能创造效益，为职工谋福利，同时为搬迁积累资金。在这一过程中，宁江厂总结出"团结求实、苦干进取"的宁江精神，建立省级的研发室和检测中心，吃透减震器的技术，将摩托车减震器做得又好又便宜，创造了"宁达减震器"的品牌。在 1993 年，曾连续 6 年跻身全国兵器（总共 150 多家）十强行列，成为全国摩托车减震器生产的"小巨人"。同时进军微型汽车和小轿车减震器领域，这使得后来摩托车减震器效益差时，并不影响宁江厂的整体效益。

我在 20 世纪 80 年代去日本昭和公司参观时，发现昭和公司 2300 人，年产减震器 600 万只，觉得简直不可思议。后来引进日本技术和设备生产减震器，并在 1996 年与日本昭和株式会社合资组建"四川宁江昭和减震器有限责任公司"，其中宁江厂持股 50%（掌握控股权），日本昭和公司持股 40%，日本兼松公司（外贸公司）持股 10%。然后开始使用日本技术，并实现国产化，再将技术转移给宁江山川厂（之前叫宁江精密机械厂）继续生产。现在年产量达 800 万-1000 万只。

宁江厂因为地处南川县，远离大城市，交通不便，生产成本高，非常想搬迁到大城市边。最早在 1987 年就到成都联系。但因为宁江厂地处平坝，不符合三线调迁中的"脱险搬迁"条件。于是联合天兴厂（5004 厂）联合，组建"双4"工程，终于在 1992 年，被列入三线调整改造计划。但上级补助最少，而且当时拥有职工近 3000 人，其中轮换工（招收的农民工）600 户、转业军人 300户，厂里要管"生、老、病、死、退、吃、喝、拉、撒、睡"，企业负担是比较重的。军品方面，在 1992 年生产 7 万发引信还亏本的情况下，1993 年彻底停掉军品。1993 年开始，连续 6 年效益好，最高利润率达 38%，一年利润有三四千万。而列入三线调整改造计划后，税收以 1992 年为基数，每年返税上千万。这样，在国家仅拨款 600 万的前提下，完成了总投资两三个亿的成都新厂区建设。1998 年底，企业全部迁至成都市龙泉驿区十陵街道，原厂区卖给重庆司法局作监狱，当时作价 600 万，南川县收了 200 万，宁江厂实得 400 万。这是三线企业中搬迁最成功的案例，成功有几个特点：一是国家投资少，没有给政府添麻烦；二是原厂址利用好，没有浪费资源；三是发展好，到了新环境，企业、在职职工、退休职工都安顿得很好，职工家属也有了更好的生活环境和发展空间。

嘉陵125是上世纪八九十年代摩托车中的豪华车，宁江厂就为其生产减振器

（摘自网络）

由于宁江厂效率好，五机部在20世纪90年代曾动员其上市。但当时厂的领导班子谈出了三点顾虑：一是要将3000人压缩成800人，不好做工作（后来搬迁时采用了一部分离岗待退政策）；二是现在效益好，将来效益差了谁负责，如何解决向股民分红的问题？三是自己的效益为什么要分给股民？最后宁江厂主动拒绝了上市。改成天兴厂上市，结果为了去圈钱，反而被别人控股。而华川厂则利用债转股的方式，解决了很多债务问题。相比而言，宁江厂是实实在在地利用自有资金完成了搬迁和发展。

最后总结，一个企业要搞得好，需要有主心骨，有一个团结有为的班子，带出一支能吃苦干事的队伍，并形成自己的企业文化。"团结求实、苦志进取"就是宁江人干出来的精神。

四、国营江华厂。

江华社区是江华厂（5004厂）的家属区。江华得名于该厂是从重庆江陵主机厂分出来，到重庆北线的华蓥山。下面是原来的周厂长回忆江华厂的发展历程。周华乔，1935年生于山东青岛，毕业于五机部下属的北京工学院，从西安援建三线，先到天兴厂建厂，对五机部整个体系非常熟悉。20世纪80年代初调到江华厂。江华厂军转民时生产离合器，随着利润下降，又没有找到相应可以批量生产的产品，后来破产。

江华富士厂

　　我在青岛上的小学，济南上的中学，北京工学院（现北京理工大学）上的大学，我们那时候是五年制的。从1954年入校，到1959年毕业。

　　北京工学院是一个专门为生产军品、培养军品专业人员的学校，其专业基本上都属于陆军部队，包括炮、弹、引信、火药、火炸药，还有坦克、雷达这一系列的，都是军工方面的，基本上都是培养这方面的高级人才。学校的系名是用代号表示，像我们1954年入校的，我们班的编号就是4541。

　　可以说北京工学院就是跟五机部配套的，给五机部培养技术人才的。五机部下属企业后来命名的时候，就是看那个尾数。1是子弹；2是轻武器，小型炮弹；3是大型炮弹；4是引信；5就是火工品；6就是坦克；7是炮，南边的洪河就有167厂；8是光学仪器，瞄准镜之类的；9是非标产品。基本上就是这些。非标产品就是为生产加工特殊零件，他们需要的那类设备，不是一般的，不是普通的车床、铣床、刨床、磨床这些东西，需要专门加工，专用技术。这些专用设备在外面买不到的，外面都是通用机械。

东成十陵

我学的就是引信，我们班的编号是4541，"4"是引信专业，"54"是1954年入校。"1"是第一班，我们一共两个班，还有个4542，第二班。

我们系统调迁，除了龙泉驿，郫县和新都还有四五个，另外还有一个明波厂，是在重庆。原来它有六七个厂，但这六七个厂实际对应西安来说就是一个厂，是由248厂（西安光电厂）分拆建成的。

我毕业以后就到西安东方机械厂，代号844，搞引信的，是苏联援建156项里面的一个厂，专门生产钟表引信，高炮的射击引信。不光是这一项，还有其他的一些，苏联也派来专家。我们这边厂还没建好的时候，就已经派去（苏联）几百人的庞大学习队伍，包括总工程师、副总工师、技术人员、技术科长，还有生产工人。生产工人里边什么专业的都有，原来我在那里工作的时候做热处理，同事里就有到苏联去过的。甚至于一个零件的加工，就会一个人从头到尾学习，培训回来以后直接就干了。厂里有一些是苏联的设备，多数是国产的设备，回来就能够生产，是全套的苏联技术资料。

我到西安只干到1966年，1959到1966年，实际上我在西安只待了几年，然后就参加三线建设，1966年10月到了重庆，就是南川天星沟，就金佛山天星沟那个地方，过去叫东方红机械厂，就是由东方机械厂包建的。东方红机械厂，它在湖南包建的一个厂叫红日机械厂。

1966年我们就到了天星沟，一直在那个地方搞建设，先设计图纸和设备，规划要买哪些设备，厂房怎么样建，然后就开始搞基建。1971年就开始零件设计生产。我们山沟里的"文化大革命"不像大城市那么厉害。外面的干扰不多，我们主要是搞基础建设，然后搞设备安装，搞调试，再试生产，到1974—1975年就生产出少量产品来了，供应部队。部队认可就开始订货，一年就十万、八万的。我们就按他们的要求进行生产。这个三线厂的产品，就是西安东方机械厂生产的那个产品，全套技术资料，都是借用它的。这个就相当于那种复制备份。做个备件，如果外面出了事什么的，这边可以继续生产，可以继续供应。

三线建设非常艰苦，那时候要求就是要"靠山、进洞、隐蔽"，我们进的山也够深的，那个地方的条件是非常艰苦的。那里面老百姓也不多，生活条件就很差。我们住的房子，那时候规定的是每平方米造价三十元，干打垒的房子，我们就是住那样的房子，每天生活烧的是煤球，菜很难买到。那时候商业也不是那么发达，很少有人进到我们山沟里边来卖菜。像鸡、鸡蛋、肉类都少。肉类是南川县的来定点供应，那时，每人定量一个月半斤肉，也不是太多，蔬菜估计也是南川县供应，因为供应隶属于地方，隶属于南川县。牛奶好像基本没有，那边也不养牛，没有牛奶。是一个比较偏僻的地方，除了职工之外，家属还要生活，孩子们还要上学，所以工厂没有办法，要自己建小学、中学、幼儿园，这三个都是工厂自己建立的。当然还有医院，必须得建设，就是一般的小医院，好在那个时候我们还都比较年轻，老年人还比较少，所以说基本上都是包了的。从孩子生下来到上学，我们还办了技校来培养后备工人。说实话，山沟里的教学质量比较差，能考上一般大学就不错了，更不用说重点大学，可能都没有。一般大学能考上就算很不错了，那怎么办呢？工厂里面就自己办技校，自己的孩子进工厂后备。当时这个技校不面对当地的居民，就是子弟校。

当地老百姓没有几家，镇上也没有几家，我们跟当地没有太多的来往。整个工厂要负担的就是医院、学校，所有的都要维持一个最基本的生活水平，现在来说简直是不可想象的艰苦。但是大家还是齐心协力根据国家需要，完成配套生产任务，还是完成得很不错。

江华厂里有一个专门的研究所，天兴厂没有，我1966年到天兴厂，1983年调到江华厂当厂长，江华厂才有研究所。江华厂在华蓥，现在叫广安，属于广安溪口。那个厂是重庆的江陵机械厂主包的一个厂，这个厂是非常好的一个企业，曾经是大庆式的企业，就是艰苦朴素，奋斗也很好的。那个厂确实很不错，在那样的情况下，是当年搬迁，当年生产，当年出产品。

江华厂规模跟天兴厂差不多，主要生产高炮引信、小引信，1961到1962年定型的那个37炮、57炮的引信是机械引信，打飞机时是触发式的，就你碰上飞机爆炸，碰不上就不爆，那就打连发，啪啪啪，一打出去几十发，所以量比较大。那个厂除了生产陆军的引信以外，还生产海军的引信，他们自己还研究出来一种隔离的"球状转子隔离保险机构"，得过国家二等奖。这就是研究所干的，是海军用的引信。隔离保险，就是说有时候打出去后要飞行一定距离后自动调整好，才能够碰到飞机就炸，碰到军舰什么的就炸。这完全是触发式引信、机械引信。除了钟表引信是时间引信以外，其他都是触发式引信。他们也生产过空军用的叫"母引信"，那个引信就是弄下来以后还有防止拆卸，防止滚动，你要想拆就爆炸，一滚、一拉，它也爆炸。

军转民是1986年到1988年。那时候，就是从部里边统一规划，在嘉陵厂和建设厂生产摩托。摩托涉及的零件由我们这些兄弟厂来给它配套、来生产，减轻它们的负担。它们生产发动机，车架什么的，我们生产部分零件来给它配套，这样就上得快。所以嘉陵建设那几年，摩托车生产的效益非常好，上得也非常快。

但是因为分配给我们工厂的零件比较少（五机部在重庆的兵工企业相当多），就是一个离合器，这个部件比较小，价格也不是太高，四五十块钱。养活不了我们三四千人，后来我们主动地自己开发汽车的变速器。虽然我们企业现在是破产了，但是因为我们生产的变速器，被青山厂——就是专门给长安厂生产变速器的，五机部定点的厂——接收了，也就是由他们兼并了，所以现在我们厂的一部分人员还在他们那里上班。要没有这个产品，那全厂都得破产。

离合器非常小，社会的人都能生产，技术含量很低。我们这个企业根据国家的调整需要，最后破产了，这也是必然的。1996至1997年搬到成都以后，就破产了，以后就由部里调整，一部分就被青山厂兼并了，他们来接手了。在政府的帮助下，我们能整体搬迁到成都龙泉驿，我们都很满意，职工也非常满意。反正对子子孙孙都是一个好事，要不在山沟里面，子子孙孙培养不出，学校教学质量也差，培养不出人，县城也小，所以说能在国家帮助下迁到成都，全厂职工都非常满意，大家都有一套自己的房子，很不错了。

作为三线建设，就是服从国家的安排。那个时候毛主席提出来要建设三线，国防事业在那个时候是非常需要的，要不打起仗来，光是靠大城市的几个厂还是不行的。各个省都有它的小三线，都有这些小的引信厂，我们的引信厂很多，太分散了，分散得比较多。我说的那些引信厂，就是重庆地区搬迁到龙泉驿区十陵街道的三个引信厂。这三个引信厂，说实在的，要按现在的生产应该合并，一个就够了。但是呢，那个时候比较分散，专业化分工太细，你生产哪一部分，它生产哪一部分。从国家来说，现在来实行收缩也是必要的。那个时候布点是根据国家的形势需要，现在收缩也是根据国家的发展需要，这是对的，要不然的话，对国家也是个包袱。现在搬到城市来了，在城市来发展，在城市来建工厂，孩子们能够有一个好的学习环境，将来也有好的工作环境，也是必须的。

我有一个比较，就是五机部和万源的七机部，七机部是搞导弹的，搞航天的。人家是高科技，我们还是属于一般机械方面的。我们属于常规武器，根据现在的发展，应该说是比较落后的，还是应该向高精尖发展，像导弹这样的发展确实是正确的，因为我们生产的那些产品，确实是常规武器，对落后的国家来说，要打仗可能还能起到作用，但对先进的国家来说，那就差远了，那都是触发式的，打目标必须要碰到目标，碰不到目标就打不着，白打出去了，是不是？而且打不远，因为到底还是用枪炮发射的，也打不了多远。现在导弹、火箭符合要求，生产它是应该的。

总的来说我们国家之前军工方面的发展，我感觉还不错，能够把国家发展到现在，有自己的导弹，有自己发射的卫星，而且有自己的技术，确实很不错，应该说我们也是做出贡献的。但是我们的产品，应该说是比较落后的。现在有先进的发展，我们老兵工也感觉到非常高兴，能够建设我们强大的国防力量，就不用害怕任何国家的挑衅行为。

我们应该说问心无愧给国家做出贡献，我们这一生就是做出贡献的一生，现在老了。当然我们现在也能够在成都生活，也感觉到很满意。虽然工资低点，但是生活没问题，所以说还是应当理解和感谢。

我们是献了青春献终身，献了终身献子孙。我的老大学习很不错，还是很刻苦，但到底是山沟里的教学质量确实比不上大城市里，像成都市的"四七九"（成都四中、七中、九中）。现在大家都到了城市，都有一个稳定的工作，还是可以，还是很不错的。二儿子在重庆长安厂，三儿子是在法院工作。其实二儿子就相当于还留在我们系统里面，长安厂是我们系统里面的。

第二节　教育文化

本街道最早可追溯的学校，是客家人的私塾。比如苏家"耕读传家"就比较典型，在家里或祠堂完成启蒙教育后，因本地没有正规学校，只得外出求学并考取功名。好在本地人的精英学习能力强，各家族考取功名的人数还比较多，传统习俗中洋溢着浓浓的文化氛围。

正式办学的代表是民国时期的华阳县西河乡范氏私立小学。原为松树村范氏族人于1928年，在范家祠堂（大梁村5组）创办小学。当时，军阀割据，战事频繁。田粮赋税和苛捐杂税，预征到民国38年（1949），当局要求范式族人将庙产、会产、祠产拍卖，以供军需。当时只有办学校，才能避免拍卖祠产。族中大房范育斋，首先倡议办祠校。范济源、范得云、范心德、范德容、范有仓等附议。遂成立了范氏私立小学校董事会，公选范育斋、范济源、范得云、范心德、范德容等为校董事，并推范育斋为董事长。聘请范甸臣为校长，次年春季，招收初级四班，教师全是范氏中选聘，有范子君、范明轩、范锦波、范天池、范玉冰等。在 1931 年又报请四川省教育厅批准立案，增设高级一班，增聘范祥占、范宝潜为教师。1932 年，增设六年级，遂成为一座远近闻名的规模完小。但很不幸，1932 年秋季，董事长范育斋逝世。9 月 18 日夜，族中坏分子勾结惯匪，强行拉走教师范明轩和学生 40 名，关在金堂匪窝达 40 天之久。当时，华阳县政府和隆兴场区署不闻不问，金堂县政府也不管。学校董事会在万般无奈之下只得立即采取紧急措施，将学校的租谷全部卖光，又各方借贷，凑足大洋 7000 元，派员送交土匪手中，师生才获得自由。至此，华阳县西河乡范氏私立小学经费全无，被迫停办。

另外一所学校在千弓堰，这里曾经非常热闹，旁边原来有座千弓庙，1936 年千弓初级小学校在此创办，当时利用土墙青瓦房屋 4 间，即小学 1—4 年级，共 4 个班，小学生近 100 人。当时的教师有陈守忠（牛市口）、罗干鑫（中和场）、何道云（大面）、曾勋成（黄土场）等。西河乡政府任命何官成为校长，因长期未到学校任教，由陈守忠老师负责学校工作。1941 年，华阳县政府批准成立大千乡政府，乡公所设在千弓堰，当时曾想成街，但仅建起加工房，未能全部修成。大千乡政府将辖区内张家院子的高小学校（即小学五、六年级，时任校长张仲熙）迁移到千弓小学校，同时将千弓小学校更名为大千乡中心小学校，任命安尚金为校长。1945 年，华阳县政府撤销大千乡政府，大千乡中心小学校又恢复为千弓小学校，任命张正军为校长。1947 年，改称西河乡第二小学校，任命苏仲文为校长。

中华人民共和国成立后，小学才开始真正普及。1950 年 9 月，西河乡农民协会任命李志祥为校长。当时的课程安排是：初级小学（1—4 年级）上语文、算术、常识、体育、音乐、美术等课程，高级小学（5—6 年级）增加历史、地理、自然等课程。1952 年 4 月华阳县批准成立青龙乡人民委员会，办公所在地设在青龙埂的苏海帆大院。1953 年 3 月，由于千弓小学距乡政府所在地较远，位置偏僻，遂将青龙村小学校确定为青龙乡中心小学校，并统一管理全乡农家、太平、千弓、平桥等 4 所村小。

1965 年 6 月 9 日石灵公社千弓小学高六五级毕业留影（朱文国提供）

1960 年成立成都市龙泉驿区后，由于本街道离成都市区近的原因，政府允许来龙村、农家村户籍的子弟跨区到市属圣灯中学（即后来的 49 中学校）读书。在教育方面，也显示了本街道受到成都市和龙泉驿区双重呵护的特点。

1974 年建石灵中学，是本街道开始有初中之始。20 世纪 90 年代初搬迁来华川中学，是本街道有高中之始。到 90 年代末，随着成都大学开建，本街道终于拥有从幼儿园到大学的各年龄阶段的优质教育资源。下面概述一下现在的基本情况。

一、中小学现状

（一）现有学校情况

初级中学 2 所（十陵中学、华川中学，在校学生 1905 人，教职工 192 人）、小学 8 所（十陵小学、和平小学、青龙湖小学、灵龙小学、友谊小学、成大附小，友临小学、临枫小学，在校学生 6201 人，教职工 427 人）、幼儿园共 20 所（在园幼儿总数 5013 人、教职工 656 人）。

（二）新建投用教育项目情况

一是"三年攻坚"在建项目。华川中学，67 亩，48 班，2400 个学位，2021年 9 月 1 日已投入使用。友临小学（龙湖景粼玖序配建小学），21.2 亩（1.41公顷），建筑面积 16 999 平方米，30 个班，1350 个学位，2021 年 9 月 1 日已投入使用；临枫小学（华润集团华川地块配套小学新建），37 亩（2.47 公顷），建筑面积 36507 平方米，45 个班，2025 个学位，预计 2022 年 11 月投入使用（3 个班，120 人，新学校投入使用前在原华川中学过渡）；友谊幼儿园新建（龙湖景粼玖序配建幼儿园），7.8 亩（0.52 公顷），建筑面积 6323.2 平方米，12 个班，360 个学位，2021 年 9 月 1 日已投入使用；华川幼儿园（华润集团华川地块配套幼儿园），9 亩（0.6 公顷），建筑面积 7644 平方米，12 个班，360 个学位，2021 年 9 月 1 日已投入使用。

二是其他在建项目。青龙湖人才公寓幼儿园，7 亩（0.47 公顷），建筑面积 4512 平方米，9 个班，270 个学位，目前已建成暂未投用；邦泰宽语配套幼儿园，15 个班，450 个学位，主体完工，接着进行装修，2022 年年底移交使用方。

十陵小学课间操（杜建春 摄）

（三）工作成效

各学校紧紧围绕校园文化发展、特色教育等方面，全力树立学校品牌，办好群众家门口的优质学校。如十陵小学在传统文化（国学经典、非遗传承）、STEAM 教育理念、国际化课程等方面取得了丰硕成果，先后荣获"中国传统文化传承示范学校""中国国学教育共同体示范校""全国规范化家长学校"

"四川省创意编程示范校""四川省艺术教育特色学校"等荣誉称号。灵龙小学校以"艺体涵养人生，足球承载梦想"为学校特色发展，获得全国青少年校园足球定点学校、全国青少年校园足球特色学校、四川省校园足球示范校等荣誉称号；华川中学加强对学生立德、立志、立规、立行——"四立教育"，获得全国规范化家长学校、全国创新作文教育实验基地、全国学校生涯规划教育研究实验基地等荣誉。这些成绩表明辖区学校在为构建"五育并举"教育体系，助力"三大攻坚"任务，办好人民满意教育，建设"优教龙泉·教育强区"鼎力前行。

目前，华川中学暂时没有招高中生，但还保留着高完中建制，为能让十陵的教育发展适应"中优"城市发展需求，计划在条件成熟的情况下把华川中学恢复成高完中，增加宿舍建设。

华川中学是十陵街道唯一有高完中资质的中学（杜建春　摄）

二、大学

本街道拥有成都大学和四川长江职业学院两所高校，在校学生近4万人，将本区域的平均年龄大大降低，带来无限的活力。其中又以城市应用性大学成都大学为主，四川长江职业学院为辅。

（一）四川长江职业学院

四川长江职业学院是经四川省人民政府批准、教育部备案，具有港资背景的全日制专科层次普通高等院校。学校被授予四川省首届文明校园，四川省首批、教育部第三批现代学徒制试点单位，教育部首批 1+X 证书试点院校，四川省首批研学实践系列标准试点单位，第 46 届世界技能大赛成都集训分基地，成都市职业技能竞赛集训基地，成渝地区双城经济圈产教融合发展联盟成员单位。学校现有智能工程学院、教育与设计学院、商贸与融媒体学院、城市学院、继续教育学院等 5 个教学单位，开设有学前教育、通信技术、软件技术、护理、动漫制作技术、社会体育、会计、汽车检测与维修技术、城市轨道交通运营管理、工程造价、酒店管理、商务英语、电子商务等 76 个专业及方向。

长江职业学院（杜建春 摄）

（二）成都大学①

1. 发展历史

成都大学始建于 1978 年（民国十五年创办的成都大学后来成为组建国立四川大学的主力），初期三易校址，始黉门街，历花圃路、荷花池，是改革开放后首批地方城市主办的全日制普通本科院校，学校实行省市共建、以市为主的办学体制，是四川省、成都市重点建设大学。成都的城市精神和文化内涵，为成都大学的成长和发展提供着不竭的精神动力和文化滋养。建校之初的代表性名师是有"文新三老"（"文新"指文学与新闻学院）之称的白敦仁、谢宇衡、钟树梁。学校根植成都，涵育于巴蜀文明，与城市共成长。成都大学作为

---

① 由成都大学档案馆供稿。

成都的名片之一，勇担时代重任，以梦想的憧憬将大学的发展、城市的未来、民族的命运紧密相连，同心共筑"中国梦""城市梦""大学梦"。1983 年，按照国家教委结构调整的规划，根据省政府指示，停办本科，改办专科层次职业大学，校名为"成都大学"；1998 年 1 月 12 日，成都大学迁建项目在成都市计委立项，后经参考成都市人民政府关于"向东和向南发展"的城市规划战略，最后确定新校址选址于龙泉驿区十陵镇。1998 年 12 月 2 日，成都市计划委员会下发了《关于迁建成都大学项目建议书的批复》，同意成都大学新校选址，征地 1200 亩，一期建设征地 900 亩，建设年度为 1998—2002 年。从此"西望长流东风渠，南接青龙蜀王陵"。2003 年，经教育部批准为全日制普通本科院校（升本），更名为成都学院（主要在高考招生目录上使用），保留成都大学校名；2006 年，成都教育学院、成都幼儿师范学校和成都卫生学校并入学校；2010 年，拥有百年历史的三级甲等综合医院成都铁路中心医院划归成都大学成为成都大学附属医院；2013 年，四川抗菌素工业研究所整建制划归学校，使得成都大学拥有硕士学位授予点。2018 年 12 月 7 日，教育部发文《关于同意成都学院更名为成都大学的函》，正式批准学校更名为成都大学，成为四川省和成都市共建的本科院校，国家中心城市成都重点建设的综合性大学。2021 年第 31 届世界大学生夏季运动会运动员村所在高校。学校具有学士、硕士学位授予权，设有博士后实践基地。学校是教育部"卓越工程师教育培养计划"高校、教育部国防教育特色高校、教育部"双万计划"一流本科专业建设点立项单位、四川省博士学位授权立项建设单位。建校 40 年来，学校扎根成都、立足四川、服务全国、面向世界，紧随国家及区域特别是成都重大发展战略，锐意改革，快速发展。秉承"自爱、自修、自尊、自强"的成大校训，"求真务实、自强不息"的成大精神，"雅成大德、恒成大器"的成大校风，围绕特色鲜明、国内一流的应用型城市大学办学定位，实施"人才战略、特色战略和国际化战略"三大发展战略，着力"校城融合、开放协同、区域应用"的人才培养特色，学校已为国家的经济建设和社会发展培养了十五余万各类人才。

成都大学行政楼（成都大学宣传部提供）

2. 办学特色

学科专业：学校围绕高素质应用型人才核心素养、科技发展、产业进步需求，科学规划设置学科专业，不断促进学科专业间融合。现设有艺术学、文学、管理学、教育学、经济学、法学、工学、医学、理学、农学 10 个学科门类，62 个本科专业。现有硕士学位授权一级学科 2 个，专业学位类别 7 个，建有博士后创新实践基地，2017 年获批成为四川省博士学位授权立项建设单位。药学学科 2019 年入选校友会评选的中国高水平学科，位列全省第二；旅游管理等 13 个专业 2019 年入选"双万计划"国家级、省级一流专业。

师资队伍：学校以"四有"教师为标准，大力实施人才强校战略，持续加大优秀人才引进力度，完善教师管理和发展机制，弘扬高尚师德，持续激发教师专业发展活力。现有博士生导师 30 余人，专任教师近 1500 人，正高职称教师 200 余人，副高职称教师 500 余人，博士教师近 700 人。学校特聘中国工程院院士樊代明为名誉校长，有国家杰青、长江学者、新世纪百千万人才工程国家级人选、享受国务院政府特殊津贴专家等 20 余人，有省学术和技术带头人、省突出贡献优秀专家等 50 余人，特聘诺贝尔奖获得者、院士、长江学者、高端外国专家、研究员（副研究员）等 140 余人。

成都大学图书馆（嘉楠　摄）

地方服务：学校对接成都"5+5+1"现代产业体系及功能区建设需求，构建"政校企互动、产学研结合"的生态系统。学校与中国农科院、新华三集团和成都市多个区（市）县及市级部门建立了政产学研用战略合作，合作建有中国农科院成都研究生分院、新华三 IT 学院、成都生态文明研究院、成都市机关事务管理与文化建设研究中心、成都新闻学院、天府文化研究院、成都文献中心、成都足球学院、成都研究院、成都市旅游研究院、成都会展经济发展研究院、成都药物产业技术研究院等。学校建有全国唯一的幼儿体育发展研究中心。

国际交流：学校将"高规格实施一流国际化项目"纳入未来五年"六个一流"建设目标，实施一个学院对接一个国际一流学科（大学）工程。学校与 35 个国家和地区的 124 所高校签署了合作备忘录，其中包括 35 所世界知名大学、10 所世界知名年轻大学和 44 所成都国际友城高校。与美国新罕布什尔大学共建孔子学院和 4 所孔子课堂，是省内第二所在海外建立孔子学院的高校，荣获2019 年度"全球先进孔子学院"称号。累计招收留学生 2560 人，生源国 54

个。2020 年培养留学生 694 人（其中学历生 494 人，含研究生 139 人、本科生 355 人，非学历短期生 200 人）。开展 5 个本专科层次中外合作办学项目，累计培养学生 2163 人，项目在校生人数 924 人。开展 40 个本硕博多层次海外联合培养项目和 42 个海外校际交流交换项目，累计参与学生近 1000 名。设立泰国和新西兰 2 个海外校友分会。连续 5 年举办国际交流周，每年举办约 6 场国际会议，来校外国专家近 600 人，聘请泰王国诗琳通公主为名誉教授。特聘泰国专家关国兴获得中国政府授予外国专家的最高荣誉奖项"中国政府友谊奖"。目前长期外籍专任教师 28 人。"四川省泰国研究中心"入选教育部国别和区域研究中心备案名单。促成成都市与泰国清迈府和新西兰哈密尔顿市建立国际友城关系。牵头成立"成都国际友城高校联盟"并担任联盟秘书处和第一届执行理事长单位。

办学资源：学校位于国家中心城市成都，中国高等教育"西三角"新布局连接点，发展区位条件优势明显。学校毗邻 3 万余亩青龙湖湿地公园，环境优美，地铁 4 号线设成都大学站，交通便利。学校校舍建筑面积 73.83 万平方米，其中教学科研行政用房面积 33.54 万平方米。教学科研仪器设备总值 2.56 亿元，图书馆馆舍面积 4.8 万平方米，现有阅览座位 5000 余个，馆藏纸质图书总量 226.68 万册，电子期刊 4 万余种。拥有三甲综合成都大学附属医院和成大附中、附小、附幼。体育场馆设施先进，功能完备。新建设 20 余万平方米的第 31 世界大学生夏季运动会运动员村项目以及 18 万平方米的中国—东盟艺术学院新园区。

成都大学夜景（成都大学宣传部提供）

3. 远景规划

建设目标:深化学校治理体系和治理能力现代化建设,深入推进科教融合、产教融合,加强创新型、应用型人才培养,实现高质量内涵式发展,将成都大学建设成为高素质城市建设者培养地、高层次人才聚集地、重点产业领域研创中心、引领文化传承创新与高质量发展的智库典范。到 2025 年,成都大学校园占地面积达 5000 亩,在校生规模达 40000 人,学校综合排名进入全国前 100 名。生均财政拨款经费标准不低于 4 万元/年,新建校舍 80 万平方米;5 个学科进入基本科学指标数据库(ESI)前 1%,博士点达到 3 个,硕士点突破 30 个;入选国家级和省级一流本科专业 25 个以上,专任教师达 2500 人,其中国家级领军人才不少于 15 名、学科专业带头人不少于 100 名、具有博士学位的专任教师比例超过 60%;立项建设国家级科研平台、基地或团队 3 个,省部级平台、基地或团队 25 个,面向成都主导产业建设省部级及以上科研平台 9 至 11 个;学校科技成果转化在蓉成交数量不少于 200 项,成交金额不低于 5000 万元。

成都大学俯视（成都大学宣传部提供）

着眼未来,学校全体教职员工将携手同心,共同奋斗,坚持党的领导,坚持立德树人,贯彻全国教育大会精神,扎根中国大地办大学,加快建设成为成都的创新大学、开放大学、窗口大学,以成大之治成效展示成都之治形象,为早日建成特色鲜明、国内一流的应用型城市大学而不懈努力!

第三章　畅通十陵

　　十陵街道从古至今都是成都东门的交通门户。交通格局既围绕着成都市中心建设和进行产业布局，又有成都往东大道过境。这造成十陵街道大道主要是以成都市区为中心的环线，如三环路、3.5 环（十洪大道、蜀王大道）、四环路（绕城高速）；二是成都向外拓展的通道，如成南高速、成洛大道、东轴线（原成渝高速），地铁 4 号线。现有交通路网中，西面有成都东站高铁枢纽站，东面有十陵南站普客枢纽站，中间是联通两站的地铁和城市干道，这些共同构建畅通十陵的交通本底。

十陵立交（杜建春 摄）

第一节　古老的东大路

一、东山五场之路

　　明清时期，十陵尚无场镇，但处于东大路保和场和西河场之间，交通比较便利。北面是成都—龙潭寺—石板滩—廖家场（清泉）至淮口段（现成南高速龙泉山段）的淮州古道，去向遂宁方向；穿过本地是东大路北支线（商道）成都—西河场—镇子场（洛带）—万兴—清水—五凤溪水码头。东大路北支线是很重要的货物运输线路。五凤溪是沱江边距成都市区最近的大码头，俗语云"五凤溪一张帆，要装成都半城盐；五凤溪一摇桨，要装成都半城糖"，素有"运不完的五凤溪，搬不空的镇子场（洛带），填不满的成都府"之说。从洛带上山经三道财神、五里坡、清林寺、万兴场、一碗水、三百梯、九道拐、毛家湾（清水）到五凤溪全部为石板（梯）路，原料都来源于当地，宽3至5尺。还有一条支线是从洛带上山走义兴场（桥）上止马店，再到简阳的周家场、石盘铺、贾家场。山道上要经过的重要场镇是万兴场，因其地势高且不避风，冬天特别冷，古时多数人上街赶场都要夹个烘笼，又称"烘笼场"。东场口原有"古石门镇"的牌坊，据说名字源于黑峰寺到三百梯之间的一道石门，路原被山石所阻，后来人们合力将其凿穿开了一道门。该场临近龙泉山的一座高峰将军顶，其下有远近驰名的黑峰寺。万兴场有在水旁施蒜的习俗，在场外东大路旁有个地名叫"一碗水"，就是泉水滴成了一个碗形的小凹陷，下面还有个沙缸装"碗"里溢出来的水，过往客商都爱在此饮水。但若行人走热了马上喝凉水会对身体不好。当地村民每天都要在"碗"旁边放一把蒜，让过路人喝了水后再吃一瓣蒜，以防止闹肚子，年年如此、从不间断。小街能为过往客商提供食宿，先时多为草房，因当风，发生过多次一家着火而烧完整条街的火灾，后专门集资修建了火神庙，并改为砖瓦房。万兴场周围山陡沟深，时常有小股抢匪出没，挑夫及路人多一二十人结伴而行。此外清水毛家山的梨子，在清末和民国期间，每年有上百万斤的产量，形成著名的"金堂白梨"品牌，主要挑往五凤溪，经水路运往重庆，赶重庆七月七的土地会。梨园村盐井遗址是东大路商贸活动的重要遗迹，对于研究盐业史价值较高，为十分重要的实物资料。

明清成都东大路示意图（万邦　绘）

洛带是这条古道重要的中转站，相传汉时兴街，东场口三峨山有汉代的崖墓，山区特产主要是"东山烧酒"、柴禾和山猪。山猪主要喂玉米、红苕及酒糟，长得都较肥大，两人抬很费劲，有时就在抬杠上打个拐（俗称"丁拐"），三个人抬。古道上最多的就是挑夫，这些挑夫过了五里坡和三道财神，就由一个人领头，开始唱山歌：

北支线的抬工号子

到了九道拐，钱还在放死的甩（还没上山，钱还没有挣稳当）；

爬上三百梯，钱在包包里（难关已过）；

下了五里坡，钱就放死地梭（开始吃东西，钱被消耗掉些）；

走到镇子场，照顾了钟麻山（又要吃东西）；

一下多宝寺，钱在包包里（要到交货地点了）。

二、东山小道路

清朝、民国时期，东山一带，丘陵起伏，黄泥壤土，俗称"晴时一把刀、下雨一包糟"，行走困难，基本是小路。十陵境内，曲曲折折的羊肠小道众多，方便日常挑水打柴，以及搬运农具、收获农作物等，另外就是走亲访友，以及赶场之需。本地人传统上以赶西面保和场、北面龙潭寺、东面西河场为主，大宗商品以二荆条辣椒和茉莉花为代表。其中以成都牛市口至龙泉山的小路而闻名，行走商人较多，经牛市口—五桂桥—杨柳店—赖家坡—凉水井—千弓堰—狮子桥—李家院—吊钟寺—山门寺—郑家沟—止马店—周家场，然后上沱江，这是一条步行商道，以挑龙泉山木材、背杂粮（如红苕、玉米）、挑蔬菜为主进入城区进行交易，在现在东西轴线以北位置。小路宽仅1米，从路旁边明蜀昭王陵破坏来看，证实明末张献忠曾派军队由此进入东山，有寻找明蜀藩王墓室进行捣毁，取走墓室陪葬珍品，弥补军队费用等行为。

20世纪30、40年代，袍哥队伍兴起，东山农村发生纠纷，纷纷寻找袍哥断公道。在场镇上茶馆请袍哥喝茶，袍哥首领断了纠纷，大家只能服从。如果是两个地不同场镇的袍哥互不相让，场镇袍哥就相约到牛市口，请成都袍哥喝茶评断。东山每逢场时间，便有袍哥在茶馆的身影，于是形成东山五场：隆兴场（龙潭寺）、石板滩、镇子场（洛带）、廖家场（清泉）、西河场，这是东山袍哥队伍比较强盛的地方。

传统的乡村道路（杜建春 摄）

另有在清末、民初时期，民间以商业为主，现东山五铺：沙保堡（铺）—簧门铺—大面铺—界牌铺（龙泉驿）—山泉铺，与之相对应的东山五场：万年场—保和场—西河场—镇子场—万兴场，能推车行驶的一条官道，主要将沱江五凤、周家场方向重要物资，如蔗糖、食盐、玉米、红苕以及龙泉山的石材、木料等，运输到牛市口，因20世纪30年代修建了成渝公路，众多物资改走公路而逐渐衰落。1950年后，成都将公路修至保和场，随后经石灵、西河到洛带镇。

十陵街道老地名（万邦 绘）

上图中的老地名，大部分保留到了 20 世纪 80、90 年代。本地最高点是大梁子，《僖王圹志》称之为"正觉山"，站在大梁子最高处，可以环顾全境。北面是清水河，从龙潭寺方向入境，经上土桥、范家院子，与从泡桐树方向来的支流汇合，穿过下土桥、疙筜堰，在万里桥流出。南面是半截河，从西面的二郎庙往东流，在狮子桥出境。老院子显示当年移民在东山上创业的历史，其中吴家老房子历史最早，是明代遗留的少数"土著"。他们原来过年有个习俗，就是在堂屋摆上席子，家人在上面打滚，纪念先祖在明末清初战乱时翻过了难关，可以平安迎接新的一年。另外，朝阳"好家伙"就是现在的朱熹宗祠，堂屋的主建筑也是明代的，后来被朱家买下作市中心大科甲巷朱家祠的陪祠。现在人数较多的还有范氏的范家院子，苏氏的苏家院子等。这些院子原来也称某林盘，地名称林盘的是南面的双林盘。本地原来缺水，堰塘非常重要，最大的是南面的千弓堰，曾经还是民国时期"大千乡"的乡公所所在地。其他如为了公平分配水源而立水位石桩的石桩堰，有清水河下游大型的疙筜堰，有两个放水洞的双漏引，更多是各家族自己修筑的以姓氏命名的某家大堰。有了堰塘，就有种水稻的水源，然后是种赚钱的经济作物，以二荆条居多，另外旱地大量种植红苕和玉米，除满足口粮和饲料外，还开动脑筋酿酒。于是家有闲置房屋且离住房较远，则开辟出来搞烧房。

这些道路主要满足居民们赶场买卖些东西，以及亲戚朋友间走家串户。东西可以手里提点，背上背点，担子挑些，重的则两人抬，或鸡公车推。

第二节　城市主干道

城市干道是城市化的标志，特别对于原来的村民，随着干道建设，自然被导入了交通规则、城市文明，以及水、电、气、通信等基础设施，实现乡村向城市的飞跃发展。十陵街道的城市干道受成都市的规划影响，主要体现在环线上，受龙泉驿区的影响，主要体现在东西向。相对而言，受成都市的影响更大，特别是"四环路"（绕城高速）既是封闭式道路，两侧又有各 500 米的生态带，以此为界，两侧的发展差别巨大。在新的形势下，龙泉驿区政府明确本街道与南面的洪河片被定义为"洪河–青龙湖城市片区"一体发展。

一、三环路

三环路是成都市快速的环形干道，第一条全程无红绿灯的城市干道。也是本街道靠近成都城区、融入城市发展步伐的标志，在本街道呈南北走向，这条路极大方便本地居民与市区的联系，特别是卖蔬菜和务工。

三环路在十陵街道境内长1200米，1998年10月1日动工修建，2001年10月通车。以原成昆铁路东500米进行规划，道路宽100米，双向快车8道、慢车道4道、人行道2道及绿化隔离带3道，境内修建横跨东风渠大型桥梁一座，成南互通立交桥1座，横跨桥一座。2013年三环路进行改造，水泥路改为炒油沥青路面，慢车道改为辅助快车道三条，其中增设公交车道。同时，三环路两边各增扩50米绿化带，并在其中设置人行道。2009年，三环路十陵立交桥改建成互通式大型立交桥。2018年，因成安渝高速公路建设，再次改造成互通式立交桥接成洛公路高桥梁。十陵街道境内的三环路命名为东三环五段。

三环路通车后，随即建设成都十陵汽车客运站，这是成都城区十大主枢纽车站之一，是成（都）南（充）沿线高速公路配套的国家一级客运站。正式营运时间为2003年1月16日，显示出本街道当年是城郊接合部的地位。

随着城市化进程加快，客运站已经不适合继续在这里。2022年12月，据成都市交通运输局消息，接成都成南运业有限公司关于十陵客运站终止经营的申请，经研究，根据《中华人民共和国道路运输条例》《道路旅客运输及客运站管理规定》等有关规定，十陵客运站将于21日终止经营。这算是本街道地位升级的标志之一。

四通八达的十陵立交（杜建春　摄）

二、蜀王大道

蜀王大道原名十洪大道，原规划十陵镇至洪河镇的南北通道，纳入城市建设规划，因成渝高速公路，互通式立交桥多次设计，多次修改，后成都市人民政府将十洪大道纳入城市3.5环道路规划。这条路方便了本地南北方向的交通，是"洪河-青龙湖城市片区"的关键道路。

蜀王大道以成洛公路为界，南为蜀王大道南段，北为蜀王大道北段。全长约6千米。南段于2002年开始拆迁建设，2006年，实现初通车。北段1996年形成路基，军工企业修建半幅道路水泥路面，2003年，十陵镇政府再次修建，从成洛公路到东风渠，长约600米的城市道路。

2012年，十陵街道对北段600米进行改造重建，同时对东风渠原军工桥进行改造，至此，蜀王大道南段、北段一部分实现通车。这使得原来被成渝高速隔离的两片区域，可以南北呼应，协同发展。

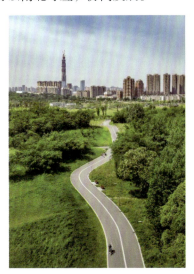

绿道向洪河延伸（嘉楠　摄）

至2017年横跨成渝高速公路的立交桥设计通过，取名洪河立交。2017年底动工建设，由于准备举行世界大学生运动会，被纳入与成都市东轴线整体规划、建设，三层立交桥，投资规模达到3亿多元。2020年底，东西轴线和底层实现通车。现在已全部通车，南北交通瓶颈终于被打破，为下一步龙泉驿区六大功能区之一的"洪河–青龙湖城市片区"快速发展奠定基础。

三、绕城高速

绕城高速公路，又名成都市"四环路"，建成于 2001 年 12 月 16 日，投资 43 亿元，全长 85 千米，双向六车道，是成都"环状+放射形"公路网的重要组成部分之一，与成都各条高速、主要干道都有互通立交相通，半免费状态①。

绕城高速公路在十陵街道境内长约 8 千米，设置三座大型互通式立交桥，即狮子立交桥、螺蛳坝立交桥、成洛公路立交桥及成都站进出口通道，以解决成都经济技术开发区的南北重要交通运输车辆出入，并在境内设置绕城东服务区，方便过往车辆。绕城高速的特点之一是环城生态保护带，内外两侧各 500 米的绿化，成为成都市区的绿腰带和绿肺，更将成为全国绿化面积最大的城市道路。除生态意义外，另外一个重要的意义是隔离。

绕城高速生态带（杜建春　摄）

① 2007 年 12 月 1 日零时起，成都籍已缴纳"五路一桥"年费的川 A 牌照车辆通行成都绕城高速时，将由"五路一桥管理处"统筹缴纳车辆通行费，车主全额免单，但仍要执行进站领卡出站刷卡制度。其余车辆正常收费。

119

四、成洛大道

成洛大道最早是东大路北段，20 世纪 80 年代修建成洛路，90 年代成都决定实施"五路一桥"工程时，又改造为双向 6 车道，2016 年再改造为双向 8 车道。

1984 年，龙泉驿区成立了公路扩建指挥部（区交通局），提出 "要致富，先修路"的口号，成洛公路（与双龙路、柏合至洪安公路一起）纳入扩建项目，从洛带至石灵境内的原三四米宽的碎石公路，扩建成 6~8 米宽的公路，同时，在石灵街和西河、洛带场镇外新修道路，避开原有的场镇上的街道。80 年代末对道路完成沥青化。

1998 年 8 月，成都市人民政府制定向东、向南发展战略，提出"五路一桥"重点工程项目，其中成洛公路作为重点扩建项目，再次绕过十陵、西河、洛带场镇，很少与原道路重合，一条崭新的城市大道成洛路出现在人们的眼前。这是本街道从乡村道路向城市道路的重大转折。同时为成都大学迁建十陵街道奠定了基础，促进十陵、西河、洛带街道的城市建设和经济发展。

随着成安渝高速公路规划，有关部门将十陵街道境内成洛公路段纳入重点改建项目，对从二环路到绕城高速公路进行重点规划，并在十陵街道大梁村境设置成都站。该段 2014 年动工建设，至 2019 年竣工通车，十陵街道又增加一条向东、向北、向南重要出口通道。

成洛大道拥有东至洛带五洛路、西至万年场成熟商业圈，并链接成都到重庆最近的高速公路——成安渝高速公路。成洛大道的功能设计是生态旅游道路，在龙泉驿区规划中成洛大道穿越十陵生态区、西河生态区、中法生态园、洛带生态区。成洛大道可以到达青龙湖北侧，也是本街道人员使用频率最高的干道，人流和车流量巨大。

成洛大道旁的成安渝高速收费站

五、东西城市轴线

　　东西城市轴线东段，是由原成渝高速公路改扩建而来。成都—重庆高速公路，即成渝高速公路，简称成渝高速，是连接成都市和重庆市的高速公路。该路全长 337.5 千米，1990 年 9 月动工，1995 年 9 月建设完成，其中成都到简阳段 1994 年率先通车，是四川省的第一条高速公路。

东轴线及其旁的休闲区（嘉楠　摄）

东成十陵

1991 年 12 月，成渝高速公路动工建设，十陵街道开始拆迁沿线农户，全长约 6 千米，1994 年 10 月通车（至简阳）。因高速公路封闭运行，十陵街道进入成渝高速公路仍需经过成华区三砖厂、建材路、杨柳店。直至 2002 年 10 月，三环路通车，成渝高速公路成都站移至十陵街道千弓村 8 组。因此，这条高速虽然标志着靠近公路口岸，有交通便利的感觉，但因为使用不便，对本地最初的发展影响并不大。

2018 年 12 月，因第 31 届世界大学生夏季运动会确定在成都举行，2019 年，成都市人民政府将成渝高速公路龙泉段纳入城市干道进行重新规划建设，此段更名为"成都城市东轴线建设项目"，境内成都站移至龙泉山。

2019 年 7 月 2 日，成都东西城市轴线（东段）工程开工仪式在龙泉驿区举行，拉开成都东西城市轴线建设大幕。东西城市轴线西起都江堰市区青城路，东至三环外市域边界。总长 149.2 千米。串联都江堰、温江、青羊、锦江、成华、龙泉驿、龙泉山城市森林公园、简州新城、简阳 9 个区域，连接沿线 14 个产业功能区。

2021 年 4 月，成都市东西城市轴线（东段）已按程序正式命名为"蜀都大道"，十陵街道境内命名为"蜀都大道东一段"。青龙湖则成为市民休闲时搭帐篷的好去处。依托此条大道和成都向东发展战略，势必带动十陵新一轮的高速发展。

东轴线在交通作用之外，其旁边还成为市民休闲的去处（嘉楠 摄）

第三节　高速公路

一、成南高速公路

成南高速公路是 G42 沪蓉高速公路成都至南充段，是国家"十纵十横"综合运输大通道横六线"沿江运输通道"的组成部分，全长 215 千米。成南高速公路全线采用高速公路标准建设，双洞隧道 2 座 1482 米；特大桥 3 座 4344 米。成南高速公路建成后成都至南充由原来的 6 小时缩短为 2 小时，进一步改善川中、川北地区的交通状况，缩短四川省与东部沿海的时空距离，加快川中腹地和川北边区脱贫致富的步伐，促进四川经济和社会的发展。

该公路 1998 年 12 月开始动工修建，起于成华区十里店，在十陵街道境内长 3.5 千米，双向 6 车道，境内与三环路大型互通式成南立交桥一座，在与绕城高速公路交会处修建大型互通式狮子立交桥一座，在来龙村境内设置成都站。于 2002 年 12 月正式通车。这是本地的第二条高速，因为有出入口，修建了客运站，对本地的直接影响大。

二、成安渝高速公路

高速联通（杜建春　摄）

党中央、国务院高度重视西部地区开发，2020 年首次提出推进成渝地区双城经济圈建设，带动西部经济的发展。十陵街道是成渝双城经济圈的西部桥头堡，成渝（南线，十陵段城东轴线蜀都大道东一段）、成安渝（中线）、成南（北线）三条高速横贯十陵街道全境，十陵街道的发展体现了双城经济圈成都的形象和水平。因此，成都市人民政府将十陵街道全境纳入城市规划，制定中优区域地位，与中心城区整体发展，高标准规划，高标准建设十陵街道未来新城市。

成安渝高速十陵段高架桥（杜建春 摄）

　　本地的第三条高速，重庆—成都高速公路，简称渝蓉高速，又称渝蓉高速公路，别名"成渝高速公路复线"，是连接重庆市和四川省成都市的第三条高速公路，为中国国家高速公路网上海—重庆高速公路（国家高速 G50）联络线之一。成安渝高速公路是成渝两地间路程最短标准最高的一条高速公路。2010年开工，2013 年 12 月 25 日正式通车。线路起于重庆绕城高速公路，向西经重庆璧山县、铜梁县、大足区，过渝川省界经四川安岳县、乐至县、简阳市、成都市，止于成都绕城高速公路。其中四川段 173 千米，重庆段 78 千米。其建设背景是渝蓉高速公路开通前，四川省成都市与重庆之间的公路联系主要依靠成渝高速公路（315 千米）和沪蓉—渝遂高速公路（274 千米）。成渝高速公路重庆至成都段于 1995 年建成通车，公路技术标准较低，部分路段已超负荷运行，易发生拥堵和交通事故。渝遂高速公路于 2007 年底开通，它分流了部分川渝之间的直达车流，对缓解成渝高速的交通压力起到一定的作用，但仍然没有满足两地之间最便捷直达的要求，其交通流量已趋饱和。交通形势显示成渝双城经济圈的巨大潜力。本街道作为成都向东发展战略的桥头堡，有三条成渝间的高速入口，交通便利的优越性显现。

成洛大道成都大学段，有两座地铁站，一个高速公路出入口（杜建春　摄）

于是，2012 年，成都市人民政府将三环路至绕城高速公路原成洛公路段改造成为城市的快速通道，境内无红绿灯的城市道路，快车道 6 条，辅道 4 条，人行道路 2 条，境内长约 4 千米，其中：高架桥约 1 千米，成都大学门前修建下穿式隧道约 150 米，三环路上的十陵立交桥改建为全互通式立交桥，于 2018 年通车。成洛路上的这一段也成为本地最核心的干道。

第四节　轨道交通

一、地铁

成都地铁 4 号线是成都市建成运营的第三条地铁线路，起于万盛站，途经温江区、青羊区、锦江区、成华区、龙泉驿区，东止西河站，大致呈东西走向。线路全长 43.3 千米(一期全长约 21.693 千米，全为地下线；二期全长 17.337 千米，地下线 14.438 千米，高架线 2.899 千米)，于 2016 年 1 月 1 日开通一期工程（非遗博览园站至万年场站），标志色为绿色。

地铁四号线明蜀王陵站（杜建春 摄）

2015 年 5 月 5 日，成都地铁 4 号线二期龙泉段同意开工建设。2016 年 5 月 25 日，成都地铁 4 号线二期工程全线"洞通"。8 月，成都地铁 4 号线二期西延线实现轨通和电通。10 月 10 日，成都地铁 4 号线二期实现全线轨通。12 月 12 日，成都地铁 4 号线二期工程全线接触网"电通"，16 日，成都地铁 4 号线二期完成热滑试验联调联试将铺开。

2017 年 1 月 18 日，成都地铁 4 号线二期全线开始空载试运行。5 月 11 日，成都地铁 4 号线二期最高标准通过试运营评审。6 月 2 日，成都地铁 4 号线二期正式开通试运营。在本街道有来龙站（郊区调节站）、十陵站、成都大学站、明蜀王陵站。

地铁站在本街道非常密集，居民出行十分便利（杜建春 摄）

二、高铁

十陵紧邻中西部最大的铁路客运站之一成都东客站，相距约 6 千米。成都东客站是集铁路、轨道、客运、公交等多种交通方式于一体的综合交通枢纽。

三、未来的十陵南站

本街道有一个火车站——十陵火车站，但因其中间站性质不是很有名。它是成渝中线高速铁路线上一个规划中的车站，隶属中国铁路成都局集团有限公司，车站不办理货物发送、到达业务，仅作车辆暂时停靠、错车、排队进站，性质属于中间站。因其命名在前，后在南面规划一个更大的火车站，虽然建设范围大部分已经超出本街道地界，却只能命名为"十陵南站"。

根据批复的《成都铁路枢纽规划（2016-2030 年）》，十陵南站是成都铁路枢纽"三主三辅"客运站布局站点之一，位于绕城高速与西大路之间区域。十陵南站作为沪渝蓉（成渝中线为其组成部分）高铁配套站点，成都市普客的枢纽站，成都地铁 30 号线一期与 2 号线相交于此十陵南站将涉及成都地铁 2 号线改造及地铁 30 号线十陵南站建筑初设，十陵南站站房面积预计为 2 4000 平方米（最终规模以批复为准），还将开展十陵南站站房暨 TOD 项目一体化设计等。

十陵南站交通规划图

第四章　公园十陵

　　十陵大致在明朝及以前，是成都人非常看重的风水宝地。客家人带来番薯、玉米等旱作农作物后，逐渐发展成以川西林盘为特色的乡村，因为种植的二荆条辣椒，烤制的东山烧酒都很畅销，生活还比较富足。而改革开放后的40年，更是历史上从未有过的巨变。首先乡村也要发展工业，于是以砖厂为主的乡镇企业如雨后春笋一般纷纷竖起的高烟囱。但这种初次的工业尝试，因为砖厂高耗能和高污染，火红十多年就走了下坡路。20世纪90年代初调迁来的军工企业，以及附属的学校和医院，终于让本地人感受到了工业文明的好处。但随着成都城市的发展，生产性工业被迁往工业集中发展区，本地被定义为成都东门生态宜居宜业之地，随着青龙湖、环城生态圈、锦城绿道的建设，"公园十陵"成为最终归宿，并在成都所有乡镇街道中最具特色。

第一节　东风渠

一、东山上的堰塘

　　"锦里城东邑，高原十六乡。江流分不到，天雨降为常。"这是宋代灵池县县令潘洞在一次到洛带求雨后，写的一首《圣母山祈雨诗》开头的两句。民国《华阳县志》卷一"塘堰水利"载："昔苏文忠公（即苏轼）在黄州日，久旱得雨，作诗云'会当作塘径千步，横断西北遮山泉。'此即吾蜀山堰法，公欲以施于黄州而故。吾县山皆有堰，堰者，陂塘之地称也。方夏秋雨盛行，潦奔流弃而无用。昔我先民感于农事之不可不勤，乃相其注下，审其汀潴，举溪涧一一而纳注之。及来岁播种，则汨汨以导，粼粼以波，未几而岁事成，人得饱矣。"东山上岷江、沱江支流发源地流径短、水流量少，加上田土多为保水性差的黄泥巴，使水源严重不足，求雨是常事。东山客家人传统生活和农业用水以拦河堰、堰塘、冬水田居多，第一次上东山的人戏称为"去吃糖（塘）水"。

　　俗语说："多收少收在于肥，有收无收在于水。"水利是农业的命脉，而"风水"在东山就是指水源，"保风水"就是保护水源，留住雨水，注意利用

128

季节河流筑堰蓄积雨水，保持堰塘和冬水田的蓄水量。客家族谱经常记载祖训："堰塘、河堰春开秋闭，早扎河堰，碾子塘田亦宜封闭。不惧天年干旱，均一律行事，可以保风水，亦可以保全国课。""保风水"还要兴修和维护水利设施，"提钱培补堤埂，疏通水利"，如果自然环境没有天然水源，必须自己建造一个水源出来，如老屋前面的月池，或屋旁边的小水塘等。

拦河堰主要目的是蓄水和抬高水位，如大草坪村的过水堰、清水堰，大梁村的疙篦堰、烂冲堰等。河堰修筑，常是富家大族合商出金出力共建，水自属宗族共有，清明前后各家用龙骨车引水上高地灌干田，同族早定用水规矩：各户排次，先高田后低田；又依照各户田亩多少、出资（或劳工）多少，分配用水量。当此时节，区内坝丘从河堰沟地伸延到丘坡，串成一条条车水长龙。因堰低田高，如梯依节提水，所以水车通常是两人脚踏的高架水车——龙骨车。

车水，低水高用，扩大水稻种植面积（1941 年卡尔·迈当斯 摄）

沿河堰两岸，也有异姓人家，平时生活用水不计，在这栽插稻谷急时，需水灌田，则事先向对方族长提出请求，议定"用水金"（一亩水金谷两斗），同时日期安排在他本族灌田完备之后。龙骨水车属大型农具，普通佃农没有，只田多大户农家购置。少地农户用水时节只好租用，租金大约日金谷四五升。它一天可提水灌田 1~2 亩，以上下两田高度而多少有变，如上下田高在一尺五以下，车人既省力、灌田两亩不少。

河堰一年一小修（岁修）、三年一大修，时间在冬至之前。"岁修"主要淘沟泥，清渠槽，以保次年蓄水及泄水通畅，三年大修则彻底深淘污泥，增补河渠通道，加牢河堰堤基石磴等。"岁修"及三年大修，由族长确定日期，事先通告，族内各家应出人工数亦早有规定，常年不变。三年大修河堰，视为宗族大事，有的还要查历书，选定宜于动土的黄道吉日，在堤堰前杀鸡、燃烛敬河神，这天为上工地劳动的众人加餐。

传统的堰塘与现在的池塘、鱼塘差别较大，相对拦河堰更稳定，既解决生活用水，又解决农业生产用水。大部分堰塘修在排洪沟上游，方便集水和放水。堰塘名称因其形状、典型标志物、出资或所属家族等来命名。如按形状命名的有：双巴堰、贾家双巴堰，中间加埂分界，成两块；牛角堰（有 2 座），形状类似牛角，进水口窄，弯曲着向前，到出口埂变得开阔；四方堰，地势好，非常方正；裤裆堰（有 2 座），进水口有分叉；瓢儿堰，一头大一头小，且有弧度；上天平堰、下天平堰，大部分堰塘底部呈凹形，形似大铁锅底，因此有叫锅底堰的，但天平堰却比较特殊，堰底比较平坦。按典型标志物命名的有：石桩堰（有 3 座），有记录用水量刻度的石桩；高笋堰，就是旁边浅水区出产高笋，清甜可口，可以生吃，也可以炒菜，另外可能还有诸如鸡嘴莲等水生植物；双流（漏）堰，就是有两个漏引，排水快；柏树堰、桑树堰，就是堰埂上有柏树和桑树；兰草堰，该堰名是出一味中药——兰草，兰草滋阴清肺，化痰止咳，此地因盛产兰草而得名；千弓堰、万弓堰，弓是传统丈量地亩用的器具和计算单位，两端距离是五尺，也叫步弓，千弓、万弓指堰塘的周长，但万弓有夸张。按家族命名的有：汤家堰、张家大堰、赖家大堰、刘家河堰（有 2 座）、方家大堰、俞家大堰、黄家大堰、卢家大堰、周家堰、望家堰、周家大堰，这些堰塘跟很多老房子对应。

很多堰塘所有权属一家或同宗几家。如是同宗公塘，平时用水不计，需水灌田栽秧，规矩与河堰相同，以各家干田亩数计算水量，放水时先高田后低田，分家排定先后。计算方法可以计放水的时间，也可以塘中立一石桩，刻有塘水尺寸,如那三座石桩堰就是典型代表,限各家用水量。如果还有矛盾无法调和,甚至可以在堰塘中间修一条土埂,将之一分为二,称为双巴堰,十陵本地就出现过两处。堰塘埂要年年维护,保埂子,防漏裂,三年掏挖塘中淤泥,以保证蓄水量不至于减少。因为属于众家公堰,家家平摊人工。放底漏引清塘通常安排在秋收前,这也是小孩子捉鱼捉虾的时候。大人们则观察塘底哪里淤得厉害,则组织起来将淤泥清理掉,然后密封好漏引,坐等秋雨重新把堰塘灌满。堰塘就在客家人的勤劳与智慧加持下保持长久的生命力。

东山上冬水田当年极多,地势低洼的水田,秋收后直接将缺口填筑好,收集秋雨,等第二年重新种水稻,其面积占全部稻田约三分之二,冬季上东山,到处波光粼粼,湿地成片。冬水田头年储水,是保证第二年水稻“满栽满插”的重要方法。

犁冬水田（1917　西德尼·戴维·甘博　摄）

在生活上,吃塘水不能算是美好的回忆。挑水打柴是生活日常,竹林盘提供了较为丰富的燃料,但在东山上打井非常困难,一是深度通常在三丈以上、投资高,二是风险大,一旦挖到旺子泥或石板,基本上要前功尽弃。大部分居民只能到堰塘,甚至冬水田挑水饮用。堰塘比较深,水质尚可,但同时使用的人也多,有洗菜的、洗衣服的、洗尿桶的、游泳的,以及鹅鸭浮水捉鱼、牛儿下水游玩等。虽然用水点位稍有间隔,但毕竟是同一塘水,却需要同时满足各种需求。而冬水田水浅,水质相对更差。客家人挑水回家,将水倒入水缸,往往要往水缸里加点明矾,以沉淀水中的杂质。水缸和水壶经常清洗,但仍与成都的"河水清茶"差距甚远。老人经常教训孩子不要直接饮用生水，但拉肚子仍是常有的事。

20世纪50年代开始修东风渠，引岷江水上东山，辅以众多的提灌站和引水渠，首先是取缔了冬水田，使得原来只能种一季的低洼田，也可以种两季。然后是改田改土，将拦河堰全部清理掉。堰塘不再靠天得水，而由提灌站保证水源，水量更大，且更换频繁。但东山上吃塘水，一直延续到自来水在农村普及为止。

二、东风渠修建历史

东山地处成都东部浅丘和低山区，岷江水无法自然灌溉，有长流水的河沟很少，川主庙却很多，因为传统上认为水源由川主李冰掌控。东山春夏常遇干旱，数月无雨，稻田干涸，民众想出许多现在看来十分可笑的祈雨办法。有"狗坐轿子"游街，人们见了大笑，叫"笑天狗下雨"，有"晒城隍"，把城隍木身抬到街上暴晒，让他受烈日下禾苗之苦，希望他转告皇天，普降甘霖。也有的掏塘堰、淘石井，让下面的龙无法安身。十陵最著名的就是掏凉水井，传说井水刚抽到一半，就下了大雨。还有"逮旱魃"，一人用竹杆高举，众人随后用棍鞭乱打，街上行人个个愤怒相合，口里不断高吼："凶旱魃，大妖怪，专造旱灾把人害；打旱魃，赶旱魃，打跑旱魃大雨下。"

共和国初期要解决吃饭问题，必须增加水源以扩大水稻田的面积（余茂智 摄）

为解决东山缺水的现状，1951年10月，省水利部门开始勘测。1952年10月中旬，地方政府向西南军政委员会汇报，12月编制了《东山浇灌工程技术设计修正意见书》。1953年1月，西南水利部通知省水利厅："该计划经研究存在问题尚多，1953年应缓办，并作进一步研究。"（水利部农工字第32690号批复）1954 年 6 月，西南军政委员会水利部都江堰工作组进行东山灌区需水情况重点调查。11 月，省水利厅第四勘察队对东山灌区的水利情况进行勘查，写出东山灌区水利情况勘查报告，论证了东山灌溉工程修建的可行性和必要性。

这中间有个插曲，就是成渝铁路的修建，一方面是共和国第一次大规模组织民工搞建设，无论是发动群众修建，还是建成后群众受益，效果都很好，激发了人们参与大工程的积极性；另一方面培养了一批铁路设计人员，这帮人用设计铁路的原理设计东风渠，解决了许多技术问题。因为成都是个冲积扇平原，地势由西往东逐渐降低。当时设计郫县引水点的海拔仅高于龙泉驿麻石桥节制闸 6 米，遂运用设计铁路的原理，将东风渠的整体坡度设计得很小（总体约为 1‰），遇到地势低洼的地方会垒几十米高的坝使得渠横跨过去。就这样，本属于沱江水系的驿马河-西江河流域及东山坝区的其他地方都用上了岷江水。

东风渠一期民工合影（谢惠祥 提供）

东山灌溉工程（1966 年改称东风渠）丘陵灌区是都江堰灌区的重要组成部分，是四川省的粮油基地之一。东风渠总干渠属岷江水系，工程起自郫县安靖乡境内的府河取水口（渠底海拔 514 米），全长 111.7 千米，控制灌溉面积 337.06 万亩，总共分六期完成。东风渠现在从郫县两路口府河分水后，经新都区大丰镇，穿越宝成铁路，沿凤凰山北面山坡至鸭子池，越川陕公路，到白莲池，经龙潭寺穿越成渝铁路，过三环路到成都理工大学，流入十陵街道西北方向的泡桐树幺店子，穿越成昆铁路、农家桥、八角井、石灵桥、白庙子、牛斗坟，再穿成渝高速公路，从东南方向流出十陵，向范家河堰、向阳桥、柏合寺流出龙泉驿区，进入双流县。在双流县的雷打山分支，一支穿越龙泉山隧洞，到张家岩调节水库，再输水于龙泉湖、三岔湖；另一支顺龙泉山南下，输水于黑龙滩水库。

　　1956年10月，东风渠十陵段动工，开始组织人工挖掘河渠，当时政府组织各村的主要劳动力集中到东风渠工地，工地上红旗飘扬、人山人海，挖土的银锄挥舞，挑土的行走如飞，河渠堤埂上，打夯的号声响彻云霄，场面轰轰烈烈。崇州县的宣传队来到工地上，现场表演川戏等节目，慰问修筑河渠的队伍。由于时间紧、任务重，加之东山灌区的群众都盼望着早日通水灌田，工地上加班加点，煮饭烧水的忙不过来，队伍中却没有一个人有意见，大家的心思只有一条，早日见到东风渠通水。1957年4月8日，东风渠十陵段竣工并正式放水，现场举行了东山灌溉工程开水典礼仪式，副省长邓锡侯（1889—1964）在大会上作重要讲话。群众纷纷奔走相告，一时间到东风渠看水的男女老少，像游行的队伍，连绵不断、络绎不绝，从此，岷江水流到了东山片区。本地成为东风渠一期的率先受益者，终于让前人认为的"江流分不到"东山也享受岷江的滋润。

　　1957年4月28日，东风渠二期工程完工，龙泉驿区麻石桥（渠底海拔约508米）段开始接受跨流域调水的灌溉，这在当年是最轰动的大事。通知沿途要放水的当天，许多老农故意抬了竹椅子坐在渠中，扬言要喝干放来的水。因为在当地人以及成都人的印象中，东山地势要比成都城区高，河水是无法自流灌溉到东山丘陵地区的。宋代潘洞在到洛带求雨后所作《圣母山祈雨诗》里也写道："锦里城东邑，高原十六乡。江流分不到，天雨降为常。" 但当他们真正看到都江堰水滚滚而来时，个个都乐滋滋地上了岸，笑着说"这下可以多活几年了"。

东风渠比两侧土地更高（金士廉 摄）

　　东风渠各主要干渠支渠建成后，区内平坝区丘陵地带先后受益，但因地势起伏及距离干渠较远，还有部分位置较高的农田不能自流灌溉，必须发展提灌。这也是东风渠灌溉工程的进一步延伸，相应设计配套工程包括提水至高点的选择（可依托天然山岭或新修高渠），提灌控制面积的计算及相应送水渠的新建或扩建，提水站机房的建设和管理（要配套变压器、交通方便的地方还可配套加工房），引水支渠的新建或扩建，当地渠道岁修工程的工作制度等。为了更好地抓好农业，1970 年 7 月 22 日，省革委计委写出了《四川省"四五"水利规划的意见》，强调在抓好中小型水利工程配套的同时，要再兴建一批必要的和可能的骨干工程，增加机电提灌设备。这使得东山上的提灌站在 1971 年又得到进一步发展和完善。

　　慢慢人们发现，东山上又多了一道景观，即落差几十上百米的提灌输水管，长松乡甚至修建了五级引水上山的提灌站，每到用水季节，利用高处哗哗流动的水沟，几亩水塘就可以控制百亩以上水田旱地的灌溉用水。农民再不用为春旱、夏旱发愁，水稻的播种面积进一步扩大，并且产量稳定。

岷江水提上龙泉山（金士廉　摄）

三、东风渠作用

　　东风渠及后续工程的建成，将东山原来冬水田广泛分布的地貌，改观为依赖提灌系统及兴建调节性堰塘。农作物也相应发生变化，原来以旱作粮食如小麦、玉米、红苕为主，改为大面积地种植水稻。从此，东山坝区百姓吃米饭成为常态，东山开始真正地融入成都。东风渠就是东山的生命之渠，也是成都向东发展战略的序曲。

一渠清水，惬意休闲（杜建春 摄）

　　每当夏日炎炎，人们总喜欢坐在河堤旁边喝茶休闲。绿荫之下，一渠清水，视觉上赏心悦目。东风渠还贵在流动，虽然因为泥沙而略显浑浊，但那是从岷山之上冲刷而下，沿途没有工业和生活废水的污染，反而带着雪山融水的丝丝凉意，对沿岸有些许降温作用，顺便将积蓄的热量带走。这种效果是静态的青龙湖所没有的特质。

东风渠穿城而过，滋润两岸土地（杜建春 摄）

　　水给城市带来灵动之美。虽然沿途的很多闸门已经因为农业灌溉的萎缩而失去功能，本地居民向东风渠的索取不再那么多。这也是社会主义水利建设的重大成就之一，其总长度和用工量与大名鼎鼎的红旗渠相当，但红旗渠90%的灌溉功能已经消失，而东风渠的设计功能还保留了70%，而且饮用水源功能、景观功能、生态功能还日益显著并将长久地保持下去。

东风渠两旁的绿化带（杜建春　摄）

　　现在东风渠管理处所管辖的东风渠灌区位于成都平原腹地,是全国第一大灌区——都江堰灌区的重要组成部分。灌区共有干渠 16 条, 总长 816 千米, 灌溉面积 291.72 万亩（1944.8 平方千米）, 主要承担着向成都、眉山 2 市 19 县（市、区）和天府新区输送生活、生产、生态用水,以及向黑龙滩、龙泉山两大水库灌区输水的任务,近年年均引水 55 亿立方米。东风渠灌区可靠的水资源保障对推动成都市、眉山市、天府新区及国空港新城建设发挥着极其重要的支撑作用。四川省水利厅找准东风渠水利事业发展的新定位,充分发挥东风渠在都江堰灌区中水利事业改革发展的主力军、服务地方经济社会发展的主阵地、发展水利经济的主战场、促进传统灌区向现代供水区转型发展的主试验地、展示服务特大型城市水管单位新风貌的主窗口、打造渠系水文化典范的主样板"六个重要作用", 为早日建成灌区榜样贡献力量。

第二节　青龙湖湿地公园

一、青龙湖

　　青龙湖位于成都市龙泉驿区十陵街道,以境内的青龙湖湿地而出名,是以展示明代蜀文化为主要内容的历史文化风景区,是成都市中心城区最大面积的湿地公园,被称为"城市绿肺"。一期 4700 亩(313.3 公顷),二期 6080 亩(405.3 公顷),规划总面积超过 10 780 亩(718.7 公顷),是成都环城生态区"六库八区"之一。在成都众多的湿地公园中,青龙湖被视为环城生态区的升级版。"春来樱花烂漫,夏季荷叶连天,秋日五彩斑斓,冬有傲梅斗雪"的四季美景。一期工程在生态修复、自然保护和文化传承等方面采取了积极探索和生态实践,基本实现了"生态、民生、旅游"的复合功能,呈现出了人与自然和谐相处的生态文化景观,成为了广大游客亲水观景的一处胜地。目前,青龙湖水库一期的生态文明实践为基础,建设"宜人成都"的落脚点,"坚持绿色发展,建设美丽中国典范城市"的发展目标,全力做好青龙湖水库二期建设,在"双核共兴、一城多市"的网络城市群中再添一处绿意盎然、水韵悠长、独具特色的大都市生态湖泊绿地系统,让市民共享更多的绿色福利、生态福祉。

东风渠穿境而过,灌满青龙湖,造就成都东部践行公园城市发展理念的典范区域
(杜建春 摄)

青龙湖于 2004 年开始计划投入建设,2008 年 4 月建成三座水坝,正式开始蓄水,一座蓄水面积达 1500 亩(100 公顷)的生态湖宣告形成,水域最深处 8~10 米,成为成都市极为重要的湿地,观测到最长的草鱼在 1 米以上。现已记录野生鸟类二百二十多种,其中稀有、易危、濒危鸟类 29 种,更有 3 只全球仅存 500 只的极危物种——青头潜鸭。

　　青龙湖地势较成洛路和十陵城区高，是一座"悬湖"，入湖水源仅有两种，一是购买东风渠的水，补充枯水期湖水蒸发和渗透的损失，二是雨水。洪水期积水过多时则通过三座坝往下游南干三渠等排泄。这有力保证了青龙湖的水质。

　　青龙湖公园 2014 年开始建设时，青龙湖的淤泥、水草、鸟类栖息地等已经存在 10 年，生态系统业已成熟。为了最好地保护生态，一期划分了 1500 亩（100 公顷）的水面、1500 亩（100 公顷）的鸟类活动区，特别是那座鸟岛完全不动，不干涉，仅在 1700 亩（113.3 公顷）的区域进行绿道等市政建设。针对湖边东风渠两侧各 15 米（含 6 米道路和 9 米绿化）的生态保护带，建设时将东风渠通道与园区通道融合，并增加了一些桥梁。一期工程于 2016 年元旦开放，青龙湖周边郁郁葱葱的绿树已经让这里成了一个天然"氧吧"，清新的空气不停地往外渗透。白鹭、百灵等各类鸟从湖面上直冲天空，更是有珍稀鸟类青头潜鸭、棉凫现身青龙湖。二期 6080 亩以修复提升为主，注入天府绿道的各种要素，包括整理荒地，对硬化土地进行软化复耕、修复生态，恢复堰塘、水渠、林盘（包括 1000、3000、8000 平方米三个尺度的规划区域）为主，修建了青龙墨池园，是园中园的特色园，配套设施、建筑和服务设施更加完善，再辅以其他市政道路。湖区景观设计最大的亮点是特色植物，形成"月月花不断，四季景不同"的观赏效果，其中仅以红枫、铁角海棠、银杏为主的彩叶树就多达 3600 株，樱花树更是多达 5000 株。

十陵城边的青龙湖（嘉楠　摄）

青龙湖水库以"海绵体"的标准,优化了游道材质和与绿地衔接的处理工艺。并配合便利店、电瓶车、自行车等服务设施,让游客可以浏览的空间得到提升。同时还可以进行竹艺展览、高校花园建造节①、汉风汉服游园等活动。文物保护上,对明蜀王陵、朱熹宗祠等文保点位进行了"修旧如旧"修缮工作,并对外开放。同时,结合水体蜿蜒、岛屿多样的自然格局,以手摇船、木亭、栈道等方式,强化区域山水意境。

青龙湖环湖有 7 千米跑道,逐步完善智慧运动系统,可以实时播报跑步的速度和名次,提高运动者的参与感和体验感。对长跑爱好者,还可以往东南方向的玉石湿地公园继续挺进。绿道将青龙湖和玉石湿地连接起来。也与青龙湖北面的大运村散发的体育精神相得益彰。

青龙湖旁熙运动与休闲的市民(嘉楠 摄)

---

① 2021 年公园城市国际花园季暨第四届北林国际花园建造周共有 231 个国内外高校和单位的近 3500 名园林学子与设计师们参与花园季,历经近 10 个月的评选和筹备,29 个高校团队和 8 个专业团体的设计竞赛方案从 377 份作品中脱颖而出,最终来自全国各地的 36 个作品在成都环城生态公园青龙湖成功搭建。

青龙湖在三环路与绕城高速之间，是成都市民最喜欢也最容易到达的市政公园之一
（杜建春　摄）

青龙湖湿地是成都东部的"城市绿肺"（杜建春　摄）

二、环湖运动道

青龙湖处处都有运动的身影（杜建春　摄）

第三节　锦城绿道

锦城绿道是环城生态带的重要组成部分，围绕绕城高速铺设，一级绿道全长 100 千米（比绕城高速还多了 15 千米），路宽 6 米，两侧各 500 米内都是

项目范围，低密度布置了200万平方米商业用地体量。它串联起了成都市东南西北，联通绕城内外，每个部分都有鲜明的主题和特色；而且通过多条不同级别的道路，深入到城市各个区域。具体到十陵段，在东面和北面两个方向留下大片绿化用地，与南面的青龙湖相呼应，在十陵街道整体形成"匚"字形生态格局。

成安渝桥的设计主题是"奇幻的银杏树洞"——一段充满童真的奇幻之旅。

银杏树洞桥（杜建春 摄）

成南高速桥南段，锦城绿道两侧是大片已经平整出来的农田。锦城绿道全环还有十万亩（约6667公顷）的耕地，其中有五万多亩（约3333公顷）基本农田，所以还成立了专业的农业公司，并且因为这个项目，扭转了成都市基本耕地指标逐年下滑的情况。

锦城绿道旁的东盟艺术院　　　　螺丝坝立交旁的锦城绿道（杜建春　摄）

第四节　美食十陵

一、东山上的传统客家"九斗碗"

东山在 20 世纪 80 年代之前，本着节约办事的原则，"九斗碗"为老百姓尤其是客家人在家里大摆宴席的常用菜谱。笔者经过一系列调查走访，发现"九斗碗"虽然并非东山地区特有的，但其构思原则、烹饪方法和菜品特色也不失为川菜中的一道风景线。

（一）东山"九斗碗"菜品构思原则

"九"，中国人以"九"为尊、同时代表多；"斗"指"大"，农村传统上叫最大号的碗为"斗碗"。"九斗碗"在名义上代指很丰盛的席面，菜品以蒸菜为主，由于上蒸笼的蒸碗并不大，即便是蒸碗装得很满，在翻进斗碗后，也只是刚冒出碗沿一点。其具体内容和分量，跟主人家的经济条件以及红、白事等相关，会出现一些差别。通常全席是以猪肉为主，乡下做厨的"家厨子"本着方便省事、物尽其用的原则来设计。菜品主要是品碗、几道皮和汤，其中几道皮稍有区别：西河、洛带一带为"四道皮"——甜烧白、咸烧白、夹沙肉、肘子；大面、十陵一带为"五道皮"——咸烧白、夹沙肉、甜粉蒸肉、咸粉蒸肉、肘子；龙泉及山泉、茶店、万兴山上有道菜与坝区不同，即"墩墩肉"，可做成红烧肉，也可做白味蘸辣椒酱，也算作一道皮，但这道菜坝区只在丧事席面上出现，称为吃"坨子肉"。宴面整体上以肥肉为主，除清汤（或素酸汤）

外就是口味不同的八样肉菜，油重，因此叫"吃油大"或"肉八碗"。汤固定的有韭黄酸汤，之外还有热吃汤（杂烩汤）、酥肉汤、清汤等备选，总之汤要上二至三个，即俗话说的"吃九斗碗吃到桌子流水"。其中品碗、某道皮、或某汤可以用炒菜或烧菜来代替，总原则是要凑够九道菜。

传统上准备请客 10 桌以上的主人，除突发性的丧事外，通常要提前一年左右作准备，主要是备粮、备菜和养猪（桌数少就购买肥猪肉），这样除缴纳屠宰税外，可以减少流通环节的费用，达到节俭的目的。采购的大宗材料有菜油、佐料以及蒸菜中不能自产的配料。传统习俗中送礼的礼品数额不高，如请一家人，别人送礼大致是两斤肉、两斤挂面，但要来七八人，而且大多数客人要吃三顿饭，所以耗资基本上全是主人家自掏腰包。每碗菜的丰俭由厨师根据主人家提供的原料来操办，一般正餐标准定在猪肉一桌 3 斤 2 两到 3 斤 5 两之间，客人大都只能勉强过一下"吃油大"的瘾，并不是十分满足，现在很多人回忆当年的九斗碗时，大都发出酸楚的感慨。但在当时，要请这样的宴席已经很不容易了，据谢利万大爷回忆，在新中国成立前办一桌"九斗碗"要值三四斗米，而当时一亩地才值三四石米，也就是办 10 桌"九斗碗"的代价就相当于卖一亩地，因此请客必须精打细算，请的厨师一定要是行家，要做到物尽其用、不失礼数的基础上又不浪费。

在前面标准的基础上，还会出现做得差的，一桌只有一斤多肉，主要用来制作"四道皮"里的夹沙肉和肘子，其他就是炒时令蔬菜，最后是"菜不够，汤来凑"，杂烩汤和酸汤等多准备，仍然要凑齐 9 碗菜，尽量让客人吃饱。这种席面多是由于主人家经济确实困难，参席的客人也能理解，主人在席间不断向桌上的客人道歉说"没有菜，请吃饱哈"。这种席面每桌要准备 4 斤米的饭（标准的正餐是 2 斤米/桌），相当于别人正餐前的晚餐水平。反之，做得好的一桌有五斤肉，每碗 16 片肉的宽度和厚度都足，除固定的几道皮和品碗外，一般还有凉拌鸡块，甚至在新中国成立前品碗中就出现海参和鱿鱼等"好菜"，但仍然是 9 大碗。若另外加炒荤菜，至少要加两样，这就是让客人吃得很满意的"油大"。

（二）东山"九斗碗"传统制作方法及烹饪特色

制作"九斗碗"全是围绕猪肉来设计，以杀猪为例：传统品种的猪肉很香，但据刘先平和邱伦阔两位乡厨估算肥肉率达 60% 左右，因此切下来大多是"肥大块"；猪头一般不上正席，用在头天晚上吃"毛坯"时做凉拌菜；猪保肋肉除项下的朝头肉外，可做夹沙肉和甜烧白；五花肉做咸烧白和粉蒸肉；剔下的排骨做肘子的垫层；后腿肉做肘子；猪内脏中的心、肝、肺、肚、腰和舌头做品碗或杂烩汤，大肠烧土豆，小肠烧汤；因为做几道皮的肉全部要切成标准的方块状，切剩下的边角料就炒小菜（龙泉镇及山区是将其与猪蹄一起切成长方体做烧菜，即油很重的"墩墩肉"）；从厚膘上剥下的瘦肉可炸酥肉或做品碗中的火肉；猪排骨多时还可烧土豆（或萝卜）或炸糖醋排骨，猪背脊骨和大骨烧高汤；猪板油熬油做菜用，油渣做汤用；猪血旺（或洗肉的血水）做清汤时使用。总体上要做到不浪费一滴油、一片肉。由于是以蒸菜为主，上蒸笼的猪肉都要先在锅里煮过，相当于著名川菜"回锅肉"要先除油一样，使这些"肥大块"肥而不腻。下面具体介绍几道皮、品碗及汤的做法。

传统"九斗碗"以蒸菜为主

夹沙肉　保肋肉煮 7 分熟，晾冷后切成四指宽两指厚标准格式的肉片，每片中间切开（靠近猪皮处不能切断），包上含糖红豆沙，猪皮向下装入蒸碗内。

每碗装 16 片，面上覆盖用红糖、猪油制过的糯米饭，入蒸笼蒸熟，出笼时翻到进斗碗里（全部蒸菜都要这样翻面），表面再撒点白糖。其中的诀窍是要在红豆里加用橘子榨的汁，这样做的夹砂吃起来有橘饼味，很受客人欢迎。同样是 16 块，因为其为双层，又有夹砂，若再做得很厚实，摆放成一排就装不下，就需要摆成"卍"字格。此菜肥而不腻，香甜可口，分量十足。

甜烧白 保肋肉煮 7 分熟，晾干后放油锅中炸皮，这样做可使其蒸后吃不出猪皮的韧性，再切成单片，猪皮向下装入蒸碗内，每碗 16 片，猪肉表面放红糖，在蒸的过程中糖会融化从而将肉染红，之后码放切成小块的红苕（或红萝卜），最后淋少许红酱油，入笼蒸熟。这道菜的特色有点模糊，在大面和龙泉一带它很多时候直接被夹沙肉或甜蒸肉代替。

咸烧白 五花肉煮 8 分熟，肉皮上涂抹红糖水，晾干后放油锅中炸皮，再切成单片，猪皮向下装蒸碗内，每碗 16 片，表面覆盖用大头菜菜叶制成咸菜末（也可用蒜苗头炒太和豆豉或芽菜代替），加少许甜酱油，上笼蒸熟。这道菜很受欢迎，现在仍是许多餐饮的保留菜品，就在于其口感特别软，菜和肉的味道相互渗透，肉咸香可口，垫层的菜也成为最好的下饭菜。

蒸肘子 又称膀，猪后腿肉煮 8 成熟，切成手掌宽的正方形，先用干净帕子擦掉其皮上的油，再抹上熬好的冰糖汁（做东坡肘子则省掉这个步骤），凉冷后将瘦肉面将其切成（不切断）拇指粗方方正正的 16 块，表面放上一小根骨头表示肘子的大骨，同时也为了翻碗后猪皮向上隆起，显得更加美观，再入笼蒸熟。因其厚实、大块，要最后出笼。出笼后有两种吃法，一是淋清汤汁做清汤肘子，蘸油碟吃；二是淋姜汁，做东坡肘子。这道菜是最实在、最油腻的，是吃"油大"的代表菜，若席面丰盛导致有剩菜，这道菜最可能因为上得晚且太油腻而被剩下。

甜蒸肉 做这道菜要先做米粉用于黏附在肉片表面。炒米粉时，用中火烧热干炒锅，将大米放入，用锅铲不停地翻炒，随后放入花椒一起炒，炒至米色发黄并出香味，出锅摊开晾凉，再磨碎待用。五花肉煮 7 分熟，切成薄片，将油、红糖水、姜水、胡椒粉拌匀，16 块肉片蘸料后再均匀地粘上大米粉，猪皮朝下放入蒸碗中，上面码放红苕块，上笼蒸熟。此菜借糖水和红苕的淡甜味，加上米粉的陪衬，口感微麻而饱满，肥厚干香，很受欢迎。

粉蒸肉

咸蒸肉 做法与甜蒸肉相似，只是拌料时将红糖水换成酱油，上面码芋子（或山药、脚板苕块），上笼蒸熟。这道菜的口感与甜蒸肉相似，只是微甜麻变成了微咸麻。

品碗 这是"九斗碗"中的精品菜。据刘先平介绍，西河一带的做法是用煮熟的响皮（猪炸皮）、猪心、舌、肚条、肺片和酥肉片按顺序码放做底，再在表面盖上木耳、黄花、水发竹笋片、带皮等，再铺青菜、莴笋、红萝卜等蔬菜，干碗上笼蒸，出笼时氽（淋）清汤。品碗因为一般是正宴上的第一道菜，也是考察厨师刀工及调味水平高低最关键的一道菜。其制作环节最为复杂：首先是用料复杂，如上述的众多菜品都要事先准备好，肉类要先洗再煮、去渣去腥味（响皮、酥肉要先炸好），再和蔬菜排在一起分类切丝切片。其次是按一定顺序尽量美观地装蒸碗（同时要考虑到翻碗后的美观），再上蒸笼。最后是制作清汤，这一步很重要、也颇具特色，在西河镇一带，有俗话叫"厨师手艺如何，看品碗氽的汤好不好就晓得了"。要将煮鸡、煮猪肉及猪骨的高汤，用大桶盛后静置，去掉其表面的泡渣和浮油，以及桶底带沉渣的浓汤（这些汤可用于制作其他汤），取中间乳白色的纯汤入锅。加入姜、蒜、八角、花椒、胡椒、葱把子、盐调味，再用凝固的猪血旺（鸡血旺也行）搓成渣下锅，利用血旺的吸附作用来提色，然后用漏勺将血旺及大块的佐料捞起。这样的汤就清澈亮底、香味纯正，且不见一滴油。吃时是先喝汤再夹菜，做得好的品碗往往让

147

客人赞叹不已，并调动起很高的食欲。乡下有句形容帅小伙的俗语就叫着"你简直就是品碗面子"。品碗还有其他做法，据冯思章介绍，大面一带是以经过火烤的条状火肉（全瘦肉）打底，中间隔一层响皮，上面覆盖笋片，干蒸后翻碗，直接灌上肉汤。这道菜因响皮和熏烤过的肉味道特别，需细嚼慢咽，再配以浓浓的肉汤，也能起到调动食欲和开胃的效果。

　　蒸菜上笼有顺序，为了避免串味，按照蒸汽先上升，再倒灌蒸菜的原理，要把甜味和无味品碗的放在上层，咸味放下层。出笼时最先出的是品碗，最后出的是肘子。出笼之前要把配料准备好，如品碗要的灌汤，夹沙肉要撒的白糖，咸蒸肉要撒的葱花，肘子要灌的汤或要淋的姜汁。从出笼到上桌讲究赶热气，所以要求厨师与帮厨的手脚都要快。

　　汤菜大致有四种备选，一般上二至三道。一为韭黄酸汤，这是必备的，简单的做法是用白水加姜烧开，加盐、花椒、胡椒调味后，点些醋，直接冲进撒有韭黄的碗中就上桌，为的是抢韭黄嫩脆的鲜味。讲究的要用高汤，并用小肠节子切作约1厘米一节下底，再加莴笋丁，煮熟后再重复前面的步骤。这道汤具有酸、鲜、脆的特点，而且有补充胃酸，帮助消化的功能，是"九斗碗"配菜中最具科学性的成分。据说如果酸汤不够，或有人觉得酸而没有喝，就容易出现消化不良的反应。二为杂烩汤，以猪内脏为主，配上猪骨煮，最后再加点萝卜、笋块之类的，因成分复杂而得名。同时由于内脏的腥味重，必须趁热吃，冷了就不好吃了，又称其为"热吃汤"。这道汤在没有用内脏做品碗的席面上常见，特点是亦汤亦菜。三为清汤，在大面一带是很绝的一道汤，民谚有"唱戏的腔，厨师的汤"。第一，它是最后一道菜，上清汤就意味着菜上完了，而且有清汤的席面酸汤里要带肉类，才凑得够"肉八碗"。第二，其特点在于看起来近似白开水，没有渣，也不见一滴油，但汤味鲜美且层次丰富。第三，其做法颇具特色。用煮肉的肉汤，加姜、蒜、花椒等佐料调味，先撒一次大葱节，烧开后冲入血绍，利用血液的吸附作用将汤中的渣子和油污吸附掉，用漏勺打捞干净后，先用竹刷把将锅沿的油污刷进锅中，再撒一次大葱节，再次冲入血绍，这时汤变澄清，即可加盐调味起锅。喝这道汤有清理食道，在口齿留香的状态下结束用餐的用意。第四，酥肉汤，它比较特殊，每次宴席几乎都要炸酥肉，但它却可能以三种方式中的一种出现：一是在喜宴或喜丧（超过80岁）直接作为头道菜上红酥肉；二是用在品碗里面；三是做成酥肉汤。因其是和着鸡蛋炸的，口味很香，很受欢迎。还有一道仙米汤，出现的机会不多，就不作介绍了。

　　体面人家办丧事时，若主人吃素，或请有僧人，要按"九斗碗"标准做"素席"，每样菜不沾荤腥，以豆腐、面粉、豆粉、红苕粉、红白萝卜等蔬菜代替。因多数菜肴要用菜油炸，不仅工序麻烦，而且素席用菜油很多。当时菜油价格昂贵，因此办"素席"比办荤席还要多花钱，出现这种情况比较少。

（三）东山"九斗碗"的文化内涵

　　"九斗碗"虽然是乡下办的坝坝宴，但规矩很多，深深体现四川人讲礼节、重孝道、公平、节俭等文化内涵。

　　开席前摆放碗筷和安排座位讲究尊卑有序。摆餐具要先从八仙桌的上位开始，筷子须长短一致，每个位置摆放一个碗、一双筷、一个小汤勺、一个小酒杯，全部要放整齐。入席时，主人家要先把长辈和贵客请到堂屋里坐主桌，每张桌子内部要请长辈坐上座。特例是娶亲时，新娘的哥哥（没有哥哥就是最长的弟弟）虽然年轻，却要在堂屋里坐上座——俗称"舅子当官"或"舅老倌"。八仙桌两侧也有秩序，由堂屋向外看，左大右小，仍要排辈分和岁数坐。若同桌有父子或师徒，座位不对师尊、不坐同一根板凳。桌与桌之间按辈分、身份、男女的顺序依次安排下去。待大家坐好后，放鞭炮，宣布开席，厨师就可以安排走菜了。

　　上菜的顺序寓意丰富，科学合理。若是婚宴或喜丧，菜里有红酥肉，要作为第一道菜上，寓意"舒心"。若没有这道菜，则先上品碗，客人先用勺子品汤，相当于开胃汤，再从细节上品评厨师的手艺，品碗的含义就是开始品菜。几道皮的顺序是先上粉蒸肉、夹沙肉这种比较实在的，让饿久了的客人给饥肠打个底。接着是烧白，换一下口味，最后上肘子（因为前面的肉分量很足，当肘子上桌时客人会说"膀不动了"，即吃不了了），用这道厚实的净肉为几道皮打总结。接下来的汤菜有清理食道、帮助吞咽和消化的作用，尤其是酸汤更有防止消化不良的作用。

　　吃的过程中有讲礼节的"请菜"和重孝道的"留菜"，以及为了不浪费而灵活调剂的习俗。这些习俗也是主流文化的延伸，清代咸丰年间《重修简州志》中的"典礼志"里就有专门的"乡饮酒礼"："朝廷率由旧章，敦崇礼教，举行乡饮，非为饮食。凡我长幼，各相劝勉，为臣尽忠、为子尽孝、长幼有序、兄友弟恭、内睦宗族、外和乡里，无所废坠，以忝所生。""请菜"具体操作是在一张桌子上，由某个人来充当礼生的角色。在大家都没有动筷时，一个人是不能单独率先开吃的，这时某个人就会先举筷，指着某道菜说"大家请菜了"，然后还要单独请桌上最长辈先动筷，其他人再跟进夹菜，而这位提议的人往往还要落在最后才能把菜夹来吃。吃完一口菜后要放筷，要么喝举杯喝酒（或轮转喝同一碗里的转口酒），要么摆会儿龙门阵，等着下一次"请菜"，再又统一夹某道菜。好在蒸菜里的肉都是严格按照 16 片（块）一碗来做的，对八仙桌来说，非常公平，不论先后都是 2 片（块）一人。但若出现桌上某人的长辈因为行动不便没有来赴宴，该人则要留菜带回去。这时他先向帮厨的人要一个空碗，每吃一样时，别人吃两片，他就只能吃一片，甚至一片也不吃，这叫"忍嘴留菜"。若主人家知道，且菜又有富余，往往要送一碗完整的且是那位长辈喜欢吃的蒸菜，以表示对长辈的尊重。公平性除平均外，还有口味的照顾，"九斗碗"又叫"八碗肉"，就是八种不同口味的菜，其中总有你相对更喜爱的品种。而且还可以实行桌内调节和桌与桌之间调剂。比如一桌上都是亲戚熟人，相互知道彼此的喜好和牙齿状况。就可以相互调节，甲喜欢吃咸烧白，而乙喜欢吃甜烧白，就可以由甲将本属于自己的甜烧白夹给乙，乙又将本属于自己的咸烧白夹给甲；还有牙齿松不能吃瘦肉和糯米，牙痛不能吃甜的等，都可以相互调节。此外是桌与桌之间，由于每桌的菜品数量和分量都是一样的，就会出现有些女眷吃肉的能力有限，吃不完，而有些干重活又觉得不够，等菜还有余的那桌客快要下桌且无人要带菜时，就可以由那桌的人将剩下的蒸菜端到还在吃的桌子上，由于蒸菜是一块一块夹来吃的，剩下的肉仍然品相较完整，并不难看，客人一般也不避讳。这很能体现传统饮食民俗中注重节俭的一面。

"九斗碗"因为菜肴品种多、工具多、工作量大，都要请专业厨师（技术来自家传或师承）来烹调。主人家一般提前 10 天以上打招呼，根据酒席规模，一般 10 桌一位厨师就能操办，主人家派人来给厨师打下手，大工具要挑三挑，厨师自己带刀、铲、勺等小工具。其中"墩子匠"角色的工作量最大，"锅儿匠"（掌勺的）工作量反而较小，主要在正餐的头天晚上及当天晚上炒大锅菜。有时正餐也要应急，就是在菜快上完了，而客人们大都还没有吃饱，必须马上炒两个菜顶上。这两个工种在时间上互不冲突，因此很多时候一个人就兼了两职。厨师用的佐料比较简单，大体有：姜、葱、蒜、盐、花椒、胡椒、八角、酱油、醋、豆瓣、豆豉、糖、菜油等。一切力求简单、方便、天然、节约，不需要花样创新，是农村典型的重礼节、重数量、不重口味的风格。

东山"九斗碗"以猪肉为设计菜品的基础，席面上没有出现鸡(偶尔出现)、鸭、鹅、鱼，在传统上除力求方便、节俭外，还有时节的原因。鸡的数量有限，而且时间对不上，因为养母鸡是用来捡蛋，公鸡里留一只雄鸡过年敬神，其他阉了养成肥鸡准备临时待客。公鸭是端午节做烟熏鸭送给岳母家的，母鸭是捡蛋做盐蛋和皮蛋的。鹅是养到中秋节时做烧鹅过节的。鱼在东山这种缺水地区品种和数量都很少，其中鲫鱼是妇女怀孕及坐月子时吃得多；鲤鱼因农村忌讳其要翻病，许多人不愿意（或不敢）吃；乌鱼则数量很少，且骚味重。

东山上传统的"九大碗"虽然已经离我们远去，但其仍不失为一个时代的缩影。首先是用料简单，但内容丰富，其先上开胃汤、再上肉菜、最后上酸汤的程序，有一定的科学性；其次是用血旺或血水清汤的技艺，放在现在来看，仍能显示出川菜的某些精华所在；再次是整个过程中体现出节俭的习俗，是现在值得大力弘扬的精神文化；最后是在现在菜品不断推陈出新的背景下，除保留烧白、肘子、蒸肉等菜品的同时，还应该提倡保留一些四川人在传统餐饮中注重礼节和孝敬等文化。只有这样，我们的川菜才能真正吃出文化品位来。

家族祭祀赴席的凭据

二、东山姜汁鸡

在古代，盐的提取技术落后，且不许私贩，都是由官府严格把控，食盐价格高昂。人不摄入盐或摄入量过少，会导致身体缺乏常量元素钠，出现体内水分失衡等系列问题。为此，常以山区为居住地的客家人，经过不断探索，开辟了一个以酸代盐的生活小诀窍。

他们首先尝试用草木燃烧后的灰来代替食盐，但其色浊味苦，并不理想，后又制作和食用腌制的酸汤酸食代替草灰水，这一发现，帮助客家人克服了缺少食盐的难题。姜汁鸡这道地道的客家菜，就富含了客家人以酸代盐的智慧。

客家传统的高档宴席会摆上八大碗，姜汁鸡是其中之一，也是客家人过年关的宴席必备之一，每逢年节，他们都有制作姜汁鸡的风俗。这道菜的重点是在姜汁。首先将姜块拍散，以清水浸泡一定时间后加入香醋、葱和适量黄酒，最后淋在煮熟的鸡块上面。吃起来肉质鲜美，微微带酸。且食材中加入姜汁后，不仅能去腥，还有驱寒祛湿的功效，对生活在四川盆地这潮湿环境中也有所裨益。

清朝时从湖广一带迁来东山的客家人，将这道菜带来了成都，在成都的餐馆，有一道跟姜汁鸡做法类似的川菜，叫"热碗鸡"。四川口味好辛香，所以在制作姜汁鸡的食材中，加入了辣椒、花椒等川菜常见佐料，可以说是姜汁鸡的改良版本。据历史资料显示，客家人初到成都东山时，东山磨盘山586米，龙潭寺522米，虽说居处不是深山，但相较平原地区，也算是在艰苦条件下发展生存了。客家人在多次地理大迁徙中，仍然传承着自己的语言、文化、饮食等特色，恪守祖训，开拓进取不断适应新环境，其精神何其可贵。从伊尹的《本味篇》到袁枚的《随园食单》，从神农尝百草到清代的满汉全席，中国的饮食文化中处处透出调味品的精彩。客家人以酸代盐的做法，既是族群自力更生的典范，更是客家人不断探索、发现的进步精神的表现。

这里介绍一下东山姜汁鸡的大概做法。取活鸡一只，拔毛开膛去内脏，滴干水分后，剥掉表皮，剁块待用。用老生姜1000克，洗净后刮去粗皮(不要再洗)，捣烂挤汁，与鸡块一起，倒进炊具中，盖紧后，放在锅内炖两小时，调味，分次食用。

三、十陵其他特色餐饮

本地传统饮食讲究"咸湖广、淡江西、广东人爱食酸叽叽"，意思是说四川话的湖广人口味比较重，江西籍的客家人口味淡，而广东籍的客家人喜欢在菜里面加醋，比如"东山姜汁鸡"特点就是带酸味，而"家醋"（自制的白醋）

非常流行。随着外来人口增多，以及物质生活改善，十陵特色餐饮有一个发展的过程。在没有场镇之前，以乡下的"九斗碗"为代表，另外一道特色菜是"东山姜汁鸡"。随着 20 世纪 90 年代四家三线企业调迁到本地，场镇逐渐聚集人气，开始涌现出在成都"好吃嘴"建立多年口碑的乌江鱼、凉水井兔火锅等。

"白沙乌江鱼"在十陵的店铺最早是 1992 年开起的，这几十年来生意一直都很好，中途最兴旺时周围有多家类似的乌江鱼馆子同时开。经营者是华川厂的人，当年用重油去除鱼腥味是一绝。20 世纪 90 年代最火的时候，来十陵吃乌江鱼形成了风气，吸引四面八方的食客前来品尝。

乌江鱼独特的食用方法是：将乌江鱼当着顾客的面宰杀，打片，切片，以食油、辣椒、姜蒜等多种佐料泡制，使之具有鲜、香、嫩、滑等特点。乌江活鱼是以鱼为主要菜品，味型多样，有酸汤、清汤、微辣、中辣、剧麻辣等，很受顾客的欢迎。

除十陵城区外，凉水井和正觉山庄是两个城外的特色餐饮。正觉在明蜀王陵博物馆侧，以僖王陵所在的正觉山命名，以古建筑为主，游完明蜀王陵和青龙湖景区，直接坐下来，很是惬意。非常适合作为本地居民和成都人呼朋唤友搞笔会、踏青、游青龙湖的集结地。

正觉山庄 （杜建春 摄）

第五节　旅游十陵

旅游业在十陵大有可为。首先是地方文化特色挖掘利用上，还存在一些不足，其次在商业活动、服务业配套上还有很大的发展空间。

一、游青龙湖

青龙湖是十陵最亮的一张旅游名片，因为空气清新、植被茂密、湖波荡漾、管理人性化，本地居民和其他成都市民都爱来此休闲。其中比较有趣的是一些相对专业的人群，比如观鸟的、团建的、跑步的、摄影的。成都观鸟协会会长沈尤、这位爱鸟的资深人士，就曾多次驻扎青龙湖，为爱好者介绍许多观鸟的相关知识。

成都观鸟协会制成都观鸟指南 3.0

成都民间记录野生鸟类已经超过 15 个年头，记录了成都观测到的野生鸟类 446 种，多种全球罕见的鸟类都曾歇脚成都。而据该会连续多年的观察统计，青龙湖现已记录野生鸟类 211 种，其中稀有、易危、濒危鸟类 29 种。可以说是个没有围墙和天花板的"野生鸟类博物馆"。除了大量的雁鸭等四川地区较为常见的水鸟之外，有两种鸟要重点推荐。

青龙湖现已记录野生鸟（沈尤　摄）

　　第一是棉凫，这可是世界上体型最小的雁鸭类水鸟。自 2009 年在成都被观测到，棉凫已经开始在成都青龙湖湿地繁衍。

白眉鸭　（沈尤　摄）

　　另外一种，是全球仅有 500 只的极危物种———青头潜鸭，比大熊猫还要珍稀。

青头潜鸭 （沈尤 摄）

　　四川地区是这种鸟重要的迁徙地，到了天冷的时候，说不定你也会在青龙湖见到它的身影。不过要提醒各位鸟迷哈，这种鸟的胆子很小，不容易接近，若要摄影，一定要准备好长焦镜头。

白尾海雕　　　　　　　　　　　　斑嘴鸭

凤头麦鸡　　　　　　水雉（四图均为沈尤 摄）

二、游成都大学和大运村

第31届世界大学生夏季运动会运动员村建在成都大学。此次大运会为成都加快打造世界赛事名城，积极融入"一带一路"建设，推动高水平对外开放提供了重要机遇。对于成都大学来说，这是一次高水平建设征程上的"里程碑式"事件，更是一次向世界展示成大风采的良机。大运村遵循"大运必须、大学必备"的原则，秉持"开放、融合、绿色、智慧"理念，诠释大学生的青春活力与时代精神。运动员村依托成都大学，建设规模为37万平方米，改造28万平方米，确保11 000名代表团成员的生活需要。整个运动员村包括行政保障中心，医疗中心，1、2号运动员公寓，国际教育交流中心，生活服务中心等8个项目。赛后，相关设施设备转为成都大学教学及保障设施，以助力学校高水平发展，加快建设成为特色鲜明、国内一流的应用型城市大学。

成都大学校园（成大宣传部提供）

三、游朱熹宗祠

朱熹宗祠每年的重点活动，一是春分祭祖，二是"文公会"。其中"文公会"是成都在清朝乾隆年间（1736—1795）就有的一种纪念朱熹的活动，当时是每逢朱熹诞辰日（农历九月十五日）在科甲巷举办，朱熹宗祠逐步恢复了这个活动，以此纪念这位大思想家。

朱熹宗祠位于青龙湖东部区域，整座建筑坐北朝南，结构严谨，气势宏伟（杜建春 摄）

宗祠是朱氏后人祭祀南宋理学大师朱熹的重要场所

宗祠有大量文人墨宝，充满文化气息（杜建春 摄）

宗祠修葺一新，因为屋基低于青龙湖的湖面，前方和右方专门筑有防波堤，屋前有排
水沟和抽水泵（杜建春 摄）

第六节　购物十陵

一、十陵的农贸市场

1. 久贸综合市场

1996 年，石灵村 3 组按十陵镇政府规划，在本组和平路旁以集体征地的土地补偿款，向十陵镇政府回购土地 7 亩（0.46 公顷）兴办农贸市场。取名兴贸市场，2008 年改为龙泉驿区十陵街办久贸综合市场。市场位于十陵街道和平路，占地约 12 亩，有商铺 110 个，摊位 500 个，年税收总额约 18 万元，属于石灵三组集体所有。久贸市场商铺内部摊位土地性质为国有，外部摊位为后期扩建，没有办理土地使用权。目前久贸市场已为周边 3 万余人解决就近购物需求，包括天兴、华川、宁江、东方家园、明珠景苑等小区及附近临街居民。久贸市场收益为集体分配，半年补贴一次，受益对象为其三组原来的社员（集体经济成员）约 600 人共同享有。

十陵国泉菜市（杜建春　摄）

2. 友谊综合市场

1999 年由石灵村村民委员会与石灵村 4 组共同投资修建，出资各占 50%。市场位于友谊路与江华路口子的西南角，地属原石灵 4 组，市场占地约 10.5

亩，约 5000 平方米，有摊位数 90 个，年税收总额约 2 万元。临街建成二层楼的商业铺面，内建钢构棚，经营蔬菜副食品等。

友谊综合市场（杜建春　摄）

3. 双林综合农贸市场

2002 年由原双林村村民委员会投资兴建，位于双林村 6 组，占地 20 亩。以砖混结构二层商业门市底楼为营业用房，二楼住宿。市场内经营干杂、蔬菜等。因近年千弓村征地拆迁，并与原双龙社区合并，目前归千弓社区管辖，目前还有摊位约 10 个，主要以蔬菜零售为主。

4. 农家综合市场

来龙大酒店（杜建春　摄）

2003 年由来龙村及来龙 11 组共同投入修建,位于十陵街道农平路 205 号,占地 25 亩。2009 年扩建,占地约 62.25 亩(4.15 公顷)。采用钢结构,中间出售农副产品、周围修建门市部,经营干杂、五金百货、药店、饮食等。目前为蔬菜、粮油批发市场。

二、社区商业

十陵街道目前有 10 个社区,2 个村,据 2018 年全国第四次经济普查,十陵街道统计在册的单位和个体户共计约 6013 家(单位 1227 家,个体户 4796 家)。其中:工业 209 家、建筑业 96 家、批发和零售业 3003 家、服务业 1743 家[①]、房地产业 72 家、金融业 12 家、住宿餐饮业 878 家。

好乐购超市(刘斌　摄)

十陵街道无大型商业综合体,目前较大型的超市只有好乐购与鑫大百盛超市,其余较多的为红旗、舞东风等连锁超市。中大型餐饮以万力多大酒店及明蜀分店、食林村、灵犀饭店、邦盛酒店为主。商业多为社区商业,在兴业街自发形成了一条以餐饮为主的"好吃街",主要以火锅、串串、汤锅、特色川菜等为主。在灵龙路 1 号月桥广场及明珠时代广场,约 6 万平方米的商业步行街,主要以小吃、拉面、烧烤、砂锅等,客群以满足周围居民、中小学生及成

---

① 交通运输、仓储和邮政业,信息传输、软件和信息技术服务业、租赁和商务服务业、科学研究和技术服务业、居民服务、修理、卫生、文化、体育和娱乐业等。

都大学学生为主。2019 年 5 月华润集团拿下 298 亩十陵 TOD 地块，修建了华润置地时代之城，打造约 1.5 万平方米润街商业，预计 2022 年末开街。

丰富多彩的社区活动（杜建春 摄）

第五章　大运十陵

　　十陵历史上没有专业运动的传统，人们印象中都是劳作的身影，比如在田地里干活，在道路上挑抬东西，或者匆匆忙忙送些小而珍贵的东西。跟现代体育运动比较接近的可能只有两种人，一是驿道急递铺的铺兵，他们快步走最有规律，有点类似于竞走；二是背水人，他们负责每年都江堰放水节时，去将宝瓶口第一股水引上东山，类似于马拉松接力跑。第 31 届世界大学生运动会于2023 年 7 月 28 日至 8 月 8 日在成都召开，大运村就设在本街道的成都大学内。大运村及配套建设一直受到全国关注，本地的城市基础设施，如城区道路、十陵河等硬件得到极大提升，与之同步的，是本地作为智慧城市管理的乡镇试点，社会管理水平也随之提档升级。大运会举办期间，吸引世界的目光，这是本地第一次受到世界关注。这是继青龙湖持续火爆之后，本地迎来新的发展契机，实现又一次腾飞的机会。大运会之后，留下的体育设施和体育精神会在本地永续传承，区整体面貌也完成升级换代。

大运火炬（杜建春 摄）

164

第一节　传统运动

　　东山传统上除舞龙、舞狮外，并没有专门的体育竞技活动，人们更多是为了生计从事生产劳作，这一现象一直持续到民国初年现代教育体系开始普及之后。1941年美国 *LIFE* 周刊摄影师卡尔·迈登斯（Carl Mydans，1907—2004）到龙泉驿作专题采访，提到："像右边这样拿着篮球的新知识分子，是中国进步的核心力量，因为在20年前没有人会想到他们教授篮球只是为了好玩。但他们所传递的信息远远超出体育锻炼的意义，更重要的是团队合作的理念——如今中国正在从事它历史上最伟大的国际合作努力。"当年的国际合作大事件是世界反法西斯战争，今天的国际合作大事件就是办大运会，展示我们的体育精神。为了提升龙泉驿区运动的历史文化内涵，下面追溯两个东山上的运动身影。

右中篮球俱乐部是龙泉驿专业运动之始

急递铺，与时间赛跑

　　龙泉驿，顾名思义，就是一座驿站，再延伸开，还有一条成都出东门，由一连串急递铺连接起来的驿道。这条驿道按规制是"十里一铺，六十里一驿"。即自成都锦官驿起，经牛市口（得胜场）、沙河堡、黄门铺、大面铺、界牌铺、龙泉驿、山泉铺、柳沟铺、南山铺、石盘铺、赤水铺、九曲铺、石桥铺，至阳安驿（今简阳），全长约 120 里，称为"东大路"。

东山上的人对驿路的感受很深，"置邮者，国家之血脉，所以流通贯彻，使无壅阏之患也。凡期会簿书，闾阎疾苦，公使往还，边徼警急，莫不资焉"(万历《襄阳府志》卷十七)。东山上仅涉及驿和铺。

铺兵递送一次，限定时限三刻钟，这个时间包含交接手续的耗时，即 45 分钟内传递 6000 米，以现代大众体育标准来看，相当于每千米耗时 7~7.5 分钟之间，属于女子慢跑成绩，但当年的路况和鞋袜跟今天不可比拟。再加上"不论昼夜晴雨"都要如此执行，则理解这种三刻一铺的规定实际上是最低标准。而且东山离成都很近，消息汇集得多，铺兵一天要往返数次，这种慢跑或快步走，不求一时之快，而求长久可行，更具有科学性。于是在东大路上，比普通行人、挑夫更快的身影肯定是铺兵，更具有运动的气质。

于是，庙堂的号令，指顾而行万里，闾阎的情形，顷刻而达九重，大大加强了对各地区的统治。常规的、日常所见的，还是驿道上行色匆匆的铺兵。这是东山人记忆中最早的运动身影。

中间为洛带的八角井（洛带复原图局部）

背水，与水流赛跑

东山由于地势较高，比较缺水。宋代灵池县的县官潘洞专门作了一首《圣母山祈雨诗》，其中有："锦里城东邑，高原十六乡。江流分不到，天雨降为常。"水利是农业的命脉，靠天吃饭的人们对水非常企盼，并演化出种种求雨的方法，到清朝具体演变为以下几种形式：

其一，烧香向菩萨神灵祈雨，如到西河场、龙泉驿的龙王庙，到万兴附近的黑峰寺、将军庙、金雀宫、东岳庙，洛带的禹王宫、三清庙、燃灯寺，十陵的凉水井等处焚香祷告。

其二，唱戏来求雨。这在东岳庙有个特殊的称呼——搬东仓，黑峰寺是集资唱戏，洛带主要是三清庙。一般是唱长达一个多月的川剧折子戏，主要是高腔，几百人听，表演者全凭自己的腰劲（当时没有扩音设备，专业唱腔靠腰腹发力维持）。剧目通常为刘十四娘，即目连救母，最后变成地藏王（地藏菩萨）的故事。中间夹些群众参与性的活动，如请客，就是请群众吃饭。还有逮旱魃，就是让看戏的人去找去追。最为惊险的是打五叉，戏台上的人将五把叉打在戏台下，被打者的头上一把，两腋下各两把，事先在戏台下摆好银两和棺材。若打成功了，表演者（被打叉的人）就把银两拿走，若打失手了，将表演者给打死了，就用棺材盛殓。

其三，背水。就是在清明节都江堰放水时，东山各乡镇要派青壮年，首先是去接都江堰放出来的第一股水，然后接力背着水，赶在都江堰水到之前，倒进当地的水源，表示把都江堰的水脉接过来了。

其四，逮旱魃，"杀"疑似旱魃。涉及到选人、找、追、抓住后审问及供奉，最后换成纸人烧掉。

其五，耍水龙，也包括晒龙或晒菩萨。用柳树枝或柏枝扎龙，在街上舞的时候两边的人用水泼。

其六，最后在上述比较斯文的求雨习俗都不奏效的情况下，人们就要出狠招了，把认为会对上天或龙王不利的事大张旗鼓地干起来，如抽干龙眼。如洛带的淘八角井，井内有用石头打造的状如铜钱、外圆内方、呈弧线的二十四个古老钱，套于井中，水可漫上，桶却难下，后每逢大旱，洛带人就淘八角井求雨。时人认为一般只需把里面的淤泥淘干净就下雨了，若还没有下，就打烂一个古老钱。据说历次淘井，总共只打烂了一个或两个，二十四个古老钱大部分都还得以保留。传说这是求雨习俗当中最为灵验的了。十陵淘凉水井与之类似。而茶店镇是抽干高洞子的水、万兴就去抽干狮毛坪水池的水，那是想要龙也不得安生。

而另一种名为"背水"的活动是比铺兵更有运动气息，这在成都人的印象

167

中很深刻。每年清明节是都江堰放水节，东山上的人为了水源有保证，常常组织背水。要挑选脚力好、速度快的壮汉，事先进行训练，尤其是三个竹筒捆扎得力，不能太晃动。然后先去踩点，交代好每个点位交接的人。领头人到宝瓶口附近，占据有利位置，用三个竹筒接都江堰放出的第一股水，然后人停水不停地跑回来。这是比速度的，上百千米的距离，天黑之前必须把水送到本地的泉眼。尤其是要在水流到沙河之前踏上东山，在时人的观念中，这是为了将水汽带上东山，而不至于又与东山擦肩而过，从而造成旱灾。沿途民众也很理解，纷纷为这些背水的壮汉让路。十陵接到的水是倒在凉水井，洛带倒在八角井，龙泉驿倒在龙口井，万兴乡供奉在黑峰寺，茶店倒在高洞子等等，不一而足。

现在计算，都江堰的水流出来，流速大约是 2 米一秒，（相当于 7.2 千米一小时，折合大众慢跑成绩为 8 分半每千米，慢于女子慢跑），流到 80 千米外的沙河需要接近 11 个小时。但同时不排除当年水量大，水势猛，流速加快。而壮汉们接力奔跑到沙河，6~7 小时能够到达。上了东山，还有二三十千米，不出意外是能够完成使命的，当然途中不免有些紧张刺激和挥汗如雨，有点接力马拉松的雏形。

如今，东风渠已经建成，成了东山上的"生命之渠"，这些活动自然也早就没了立足的社会经济文化背景。青龙湖、东安湖水源丰茂，景色宜人。大运村和东安湖体育公园的运动身影精彩纷呈，成为成都两处经典大众长跑打卡之地。

第二节　城市蝶变

十陵街道坚定"谋赛就是谋城 谋城就是惠民"政治站位，坚持文化惠民，营造全民参与、乐享大运的浓厚氛围。大力实施"当好大运东道主，争做最美十陵人""喜迎大运，文明交通，从我做起""迎大运·保大运""走近大运·'英'你精彩""喜迎大运·与'礼'同行"等大运主题活动，掀起学礼仪、知礼仪、懂礼仪、用礼仪热潮，极大地提升了群众基本英语交流和国际礼仪水平；成功策划音乐文化季活动，推出潮玩、美食、文体、非遗四大集市，音乐艺术与体育赛事的共情乐章在十陵这"篇"热土上谱写，辖区群众的精神文化生活越来越丰富。推动全域环境不断美化，基本实现"一街一景一风貌，大运村片区成功荣获成都市 2023 年"最美街区"荣誉称号",成功创建灵龙路、石灵老街两条市级"最美街道",是全市最美街道最多的区域;打造 2 个市级"最美阳台"。

在大运会筹备过程中,十陵街道立足全局,积极践行"绿色、智慧、活力、共享"办赛理念和"绿色、节俭、必须"办赛原则,全力以赴保障大运,并结合赛会需要和后期利用,着眼长远发展,大力开展招商引资、推进基础设施建设、风貌整治提升等项目,把大运城市建设与改善民生相结合,让依靠大运的发展成果能够普惠辖区居民。

一、新建大运村

大运村西距市中心约 12 公里,东南距成都天府国际机场约 46 公里,西南距成都双流国际机场约 26 公里,南距东安湖主体育场约 12 公里。大运村被三环路、成洛大道、成南高速、绕城高速 4 条快速通道环绕。大运村充分利用成都大学原有的学生宿舍、餐厅、篮球场、田径场,新建代表团公寓、游泳馆、综合服务大楼等。大运村内实现 5G 与 Wi-Fi6"双千兆"通信与无线网络覆盖,建立 4K 高清直播频道实时播放赛场动态。赛后大运村交付成都大学,加快将其建设成为特色鲜明、国内一流的应用型城市大学。

大运村位于成都龙泉驿区成洛大道 2025 号成都大学校内、友谊东路 253 号,总建筑面积约 38.388 万平方米,主要包含新建及改建两个部分。新建建筑面积约 20.188 万平方米,主要包含运动员公寓 1—3 栋、国际交流中心、行政保障中心、生活服务中心、医疗中心及实训楼、游泳馆、体育馆副馆等建设单体。改建面积约 18.2 万平方米,主要包含 1—16 栋学生宿舍改造、4—6 号学生食堂改造、体育馆设施改造、基础设施改造等。成都大学及成都城投教育投资管理集团有限公司作为双业主立项,施工单位为成都建工集团有限公司。项目总投资约 27 亿元,于 2021 年 4 月竣工。

大运村由运行区、国际区、居住区、交通区 4 部分组成。大运村是代表团成员赛时居住、生活和工作的场所,为代表团成员提供餐饮、住宿、交通、抵离、注册、医疗、商业、休闲、健身、信息、文化交流和体验等服务,最多可容纳 11000 名代表团成员同时入住。经过大运会实际场馆化运行,推进运行团队，运行方案调整优化，临建设施规划布局等工作都很完美，确保了大运会的成功举办。

大运村划分为运行区、国际区、居住区、交通区，各分区之间实行验证控制。一是运行区，主要包括欢迎中心、访客中心、媒体中心等。二是国际区，主要包括升旗广场、主信息中心、赛事信息中心、医疗中心、宗教中心、健身中心、商业广场、物流中心等。三是居住区，为代表团提供住宿和餐饮服务。四是交通区，为代表团抵离大运村、往返比赛和训练场馆提供交通服务。

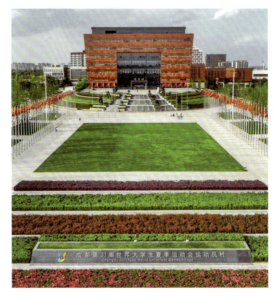

大运村（嘉楠 摄）

大运村广角景象（嘉楠 摄）

大运村训练场（嘉楠　摄）

而为了保障运动员们交通顺畅，良好的道路必不可少，大运路就是大运村至主场馆直联道路工程。该项目起于灵德南路，止于东安大道，是联系龙泉十陵片区、西河片区、中央绿心、东安湖片区的重要通道，长约 11.5 千米，道路红线宽度 30~40 米，设置双向 4~6 车道，道路两侧结合布置城市景观与农业景观，建设面积约 46 万平方米。主要建设内容包括：道路工程、桥涵结构物工程、景观工程等，项目总投资 26.05 亿元。

大运路

项目效果图和线路图

二、城区升级改造

举办大运会，对十陵城区交通和市容市貌整体提升影响巨大。秉持"谋赛就是营城、营城就是惠民"和"借大运之势、促十陵之变"理念，总投资70.9亿元，启动建设的主要项目有：大运村产教融合项目、东盟艺术学院、十陵老场镇道路整治改造及街区环境提升工程、十陵灵龙路东段道路及市政配套设施建设工程、友谊路道路整治及街区环境提升工程、灵龙东路与西江西路连接线、大草坪南段道路及市政配套设施建设工程、灵德南路道路及市政配套建设工程以及十陵河（友谊路至成大二期段）综合治理项目等。

大运村交通示意图

　　十陵的大部分街道紧邻大运村，是连接大运村（成都大学）与主城区、主场馆的必经之路，而之前城区道路和街区形象还存在一些问题。一是十陵片区属于老城区，多数路段水、电、气小三线未下地导致各类管线混乱，部分建筑物外墙涂料脱落，商铺店招杂乱无章，城市整体形象不佳。二是部分道路陈旧，街面人车未分流，道路通行不畅。三是街区缺少垃圾箱、公共座椅等配套设施。四是十陵片区雨污未分流，近年来暴雨引发的城区内涝严重威胁群众生命财产安全。这些项目建成后，有效改变了十陵基础设施陈旧落后的面貌，改善提升城市形象，提高居民生活品质。

　　下面以重点项目灵龙路为例，简单回顾一下建设的过程。灵龙路是凸显十陵城市特色、展现十陵城市形象的核心区域，也是十陵的主要道路之一。该项目西接灵龙路既有路段与江华路交叉口，向东延伸至明蜀路，平行于成洛大道。新建道路全长约928米，为双向四车道，其中下穿隧道长608米，抗震设防烈度为7度。建成后大大缓解十陵的交通压力，解决大运会的交通需求。

十陵街道江华路与灵龙路交叉口的施工现场

现江华路，右边是成都大学 （刘斌 摄）

　　此次借着大运会的契机对灵龙路进行建筑立面改造、道路整治改造、商铺店招设计、小三线下地以及道路灯光提升工程。灵龙路原来两侧商铺住宅楼云集，杂乱无章，管线混乱，部分建筑物外墙涂料脱落、商铺店招五花八门、街区缺少配套设施。

江华社区背靠成都大学，借城区升级之机，小区环境和建筑外立面都被重新整治

灵龙路改造之后

改造之后，道路两侧建筑穿上"新衣"，小三线俨然已"消失"，统一的店招设计融入商家店铺理念，相比以前，整洁美观了不少。改造后的灵龙路道路全长约 2.5 千米，为双向四车道，全新的灵龙路大大提高了辖区的道路交通转换能力，同时对大运会期间的缓堵保畅起到积极的促进作用。

改造后的石灵街中段（刘斌　摄）

在灵龙路的提升改造工作中,设计方案通过整改沿街店招,解决了原来道路两侧商铺住宅楼过多,市容市貌杂乱无章的现象,切实提升了城市形象。同时,通过对两侧建筑立面改造、增加立体花墙、植物雕塑等策略,将其打造成美观舒适、富有特色的休闲娱乐商业街区,为培育多元经济业态打下了坚实基础。

三、十陵河改造

十陵河原名清水河、石灵河,其从天然溪流到滨河水景的转变过程,就体现了本地从乡村到城市的华丽转身。下面记录其综合治理项目(友谊路至成大二期)的部分情况。

(一)基本情况

十陵河成大段综合治理项目起于友谊路桥,止于明蜀路,整治长度880米,按照防洪规划,执行50年一遇的防洪标准,河道宽度15米,两侧绿带宽度各1~5米。项目内容包括河道拓宽整治、堤防建设及两岸绿化景观打造,建成后能有效解决片区内涝问题,提升城市排水能力,改善区域生态,提升大运村景观形象。项目总投资约3500万元,投资模式为企业投资,由国投公司融资资金保障;项目于2020年3月开工,2021年2月完工。

(二)规划设计

规划方案坚持完善防洪体系和协调整体风貌相结合,重新梳理全段防洪需求,兼顾沿河景观风貌提升,优化调整河道规划线型、宽度,力争兼顾功能价值和生态价值。项目设计围绕"自然生态长河、人文乐活水岸"的目标,将十陵河建成"生态绿道、活力绿带、文化绿廊"。为契合大运会"绿色、智慧、活力、共享"的办赛宗旨,景观设计注重与周边环境、大运主题和本地文化的协调。一是生态营造。加强海绵城市建设与生态系统完善。二是活力融入。根据周边服务人群,设置不同的活动功能和设施。三是文化植根。滨河绿地内设置融入当地蜀文化、大运文化、生活文化、商业文化。

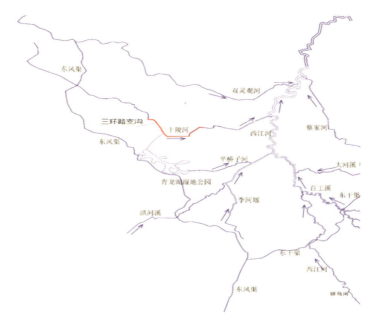

工程位置及流域水系图

十陵河滨河公园

177

东成十陵

项目施工前十陵河景象

项目施工情况

施工完成后航拍照片

明蜀新村和成都大学之间，将规划建设本地特色的河岸景观。

十陵河整治前的情况（左侧为明蜀新村，右侧为成都大学）

十陵河整治后的效果图

四、十陵街道智慧城市治理中心

十陵街道智慧城市治理中心是龙泉驿区大运村智慧城市一期示范建设项目，由区行政审批局为政府牵头部门，区国投集团为业主单位，浙江大华公司负责承建的多功能、多场景、多部门协同配合的指挥系统。该系统融合了数据可视化、智能感知、大数据分析、智慧算法等高科技手段，为十陵城市管理、应急处突、社区治理、治安防控、交通疏导、民生事务等工作提供高效、便捷的技术手段和强有力的技术支持。

十陵街道智慧城市治理中心（杜建春 摄）

十陵街道智慧城市治理中心将利用智慧化、智能化设备，实现辖区群众呼声精准响应，人口、企业精准服务，城市精准管控，各类数据精准采集，突发事件精准应对，辖区情况精准掌握。这些工作进一步可为全区、全市未来智慧社区建设作出有益的探索。

总体上，为筹备大运会，十陵街道顺利完成 2 个批次、34 个大运项目、总投资约 71.9 亿元，包括东盟艺术学院、大运村产教融合项目，改造道路 7 条、新建道路 7 条、外立面整治 220 栋建筑共计约 80 万平方米，加快建设加德·首座五星级酒店，凸显国际化气质。持续保护提升面积达 14 平方公里的湿地公园、锦城绿道等生态资源，打造"社区微景迎来宾"项目，大运领航社区游线，助力青龙湖成为成都市中心城区最大面积的湿地公园，被称为"城市绿肺"，构建了推窗见绿、开门见景生态格局。风貌整治提升工作全面开展，共通过整组拆迁、风貌整治、依法拆除、拆院并院、强力协调、整治大棚等方式消除建（构）筑物 125.49 万㎡，消除蓝顶约 70 万㎡。"两拆一增"点位改造，完成拆除新增违法建设 89 处，面积 6891 ㎡，拆除存量违法建设 461 处，面积 9.2 万㎡，"两拆一增"点位改造 44 处，增绿面积 35 万㎡，城乡风貌悄然蝶变。

第三节 运动天堂

举办第 31 届世界大学生夏季运动会是向世界传递中国精神、彰显中国价值、表达中国魅力的重要载体之一，大运村已然成为全球青年的成都家园，十陵，亦是一个温暖之地，在外国友人的吃住行方面，总是在"搭把手""出点力"的习惯中展现十陵人热心、友善的特质，赛事期间，累计入住代表团111个、运动员7413人，大运村外餐饮服务累计接待外宾共计2429人，主要活动地点在明蜀路、灵龙路和丝路风情街；14个志愿者服务站点累计服务1219人次，为外宾外出就餐、购买纪念品等提供语言服务；出租车等出行服务累计出动出租车3972台次、载客8313人次；酒店服务方面累计共有8家酒店（旅馆）入住外籍人士21人。世界青年运动健儿们更加了解真实立体全面的中国，了解中国式现代化的十陵气象，热情友善、自信从容的志愿服务受到广泛赞誉，真诚好客、大气谦和的十陵人备受好评，中外友人实现双向奔赴，为国际交流架起了一座友好的沟通桥梁。

作为成都大运会最大的非竞赛场馆——大运村于2023年7月18日锁闭、7月22日开村、到8月11日10时闭村，是所有场馆运行时间最长（运行时间24天）、在村人数最多（最多时单日达1.5万人）、保障压力最大的三个非竞赛场馆之一。成功做到"三个零"（安全零事故、服务零差错、信访零投诉），全面实现"三个好"（交通保障好、环境卫生好、治安秩序好），赢得"三个满意"（代表团运动员满意、各级领导满意、辖区群众满意）。大运会后，由青龙湖和锦城绿道构成的运动天堂持续惠民。

在大运村训练的外国运动员

青龙湖——成都人的跑步天堂

环青龙湖的跑道长 7 公里，没有机动车，更没有难闻的汽车尾气，只有波光粼粼的湖面和郁郁葱葱的林盘，以及软硬适中的干净跑道。青龙湖可以供成都市民进行环湖跑活动，包括单圈环湖跑比赛、环湖接力跑比赛，以及个人的晨跑、夜跑、下班跑、周末跑，甚至包括盲人跑。这些都是成都市民自发在青龙湖组织的，呈现了一种健康向上的城市文明。

在青龙湖跑道建成之前，成都也有许多绿化道路和公园，人们勉强可以跑一跑。但跟青龙湖跑道一比，绿化道路的缺点就显而易见：一是灰尘多，二是噪声多，三是各种自行车和电动车多，四是地面太硬。公园相对绿化更好，但路面窄、跑道短。现今，跑步爱好者们在青龙湖温柔的跑道与自然山水间，呼吸着负氧离子充足的空气，突然感觉跑步很单纯，没有干扰，呼吸畅快，也不伤脚，仿佛在跑步的天堂欢快起跑。建设单位为更好地满足市民健身的需要，同时鼓励更科学的健身，打造智慧跑道，计时器随时开启，帮助跑步爱好者们记录各自的运动数据，实现了贴心的智慧服务。

晨跑的队伍（谢惠祥 摄）

一则网络媒体的报道可以作典型案例，2022 年 3 月 28 日，当天青龙湖湿地公园环湖跑活动，由成都知名跑团"跑步公园"组织开展，共有 8 支队伍参加。每支队伍由 14 人组成，分成两组来进行接力跑。每组都要绕青龙湖跑一圈（约 7.2 公里），最终，两组接力跑完后用时短的队伍获胜。

各种跑步的队伍　（杜建春　摄）

人们在学校读书时，1500 米以上就算长跑了，还可以上到 3000 米，5000 米。但对于经常跑步的人来说，起点就是 5000 米，10 000 米，直到半程马拉松，全程马拉松。青龙湖 7 公里一圈，难度并不算大。平时没有跑步的，来适应几次，也可以轻松应对。下面从媒体报道上挑选几位比较典型的"选手"，呈现青龙湖跑步人的多姿多彩。

第一位是曾经完成过 8 小时跑完成都三环、二环、一环共 106 公里"壮举"的"老吴"，他来参加比赛，因为青龙湖不用面对公路上的灰尘，不用当"扫灰者"，就显得是"轻松加愉快"。这位 50 出头的"老成都"，至今依然保持每周有那么几天跑步上下班，而且是来回 36 公里那种！

第二位是"虎哥"。"虎哥"姓刘，刚 40 出头，是圈内的精英跑者、短中长跑全能选手。翻开他的"履历"，充满说服力：原西南交通大学田径队队长、国家一级运动员，四川省大学生运动会 800 米纪录保持者（1′54″5）。在 2017 年亚洲老将田径锦标赛男子（35~39 岁组）比赛中，"虎哥"甚至还拿到了 800 米冠军和 400 米亚军。

"虎哥"告诉大家，从上学开始，他就一直保持良好运动习惯，即使工作后也没片刻懈怠。"我跑步已经有 20 多年，从 2011 年开始参加国内各项马拉松赛事，不仅仅是因为自己喜欢跑步，更希望通过实际行动，来感染身边人，让更多人参与到全民健身中。"

第三位是从跑者到组织者的成都嬢嬢。在比赛现场，有一位忙前忙后、超级热心的王嬢嬢,今年 50 出头,是成都跑步公园金沙分会副会长,也是这次活动的策划和组织者之一。王嬢嬢组织青龙湖湿地公园环湖跑活动,也是响应"大运有我"号召,用群众喜闻乐见的运动方式为即将到来的成都大运会"打 Call"!

各种跑步的队伍(杜建春 摄)

第四位是 63 岁盲人大爷罗久兴。因为糖尿病,他在 24 岁左右便失明了。他坚持每天跑步青龙湖,还被人拍了视频上传到抖音上,旁边人一看,说"罗大爷全盲,每天青龙湖一圈,好几年了。"于是有人问他为什么要跑,他就说:"我想知道跑起来的滋味。"于是,青龙湖多了一道特殊的景色,拿着盲杖跑步的大爷:罗久兴。

罗大爷因为是本地人,就更有代表性。还有人专门去采访,记录下非常生动的语言。他有一手按摩推拿绝活,成都十陵街上大家都认得。连"成都大学"地铁站保安也熟悉:罗久兴会走地铁站厅,去对面的青龙湖湿地公园,保安们都要护着他。

2018 年春节,罗久兴第一次去青龙湖湿地公园,从家到公园门口花了一个多小时。他后来又去了十多次,脑海里终于有了一幅地图。现在过地铁站,他会婉拒保安的好意:"很熟悉了。"

"从家到公园门口,只有一处红绿灯;出了地铁站走 180 步到公园门口,先过 6 步台阶,往前,还有 6 步台阶……进了大门往前再走 10 米探到草坪……到了 1 号坝,我就能上青龙湖沿湖一圈的路了。"罗久兴像是在背他的路书。

罗久兴大爷——青龙湖盲跑第一人〔谢惠祥 摄〕

　　罗久兴从小在十陵长大，"蜀王陵、青龙湖那一带，以前都是农田，我们上学也在附近。"时过境迁，2018 年春节他准备去青龙湖湿地公园逛一下。在公园徒步走了两年多之后，罗久兴决定要跑步，"我想知道跑起来的滋味。"

　　"我就是好奇：他们能跑，我能不能跑？跑起来是个什么滋味？"罗久兴回忆第一次跑步，"心里是紧张的。"

　　考虑到速度更快，他给盲杖加长了约 40 厘米，"这样探得更远一些。"他说，跑步的时候盲杖的用法不太一样：往前伸了左右滑行，探索可能存在的障碍物，同时不时地敲击右侧，"听到硬路面的声音，也要听到打在草坪里的闷声，不然就说明我跑在路中间，需要往边上靠了。""跑累了就歇一下，变成快步走，再跑。"这样一圈下来，"120 分钟，比平时快了 20 分钟，身上都出汗了。"罗久兴说，自那以后，只要不下雨，每天早上自己都要去青龙湖湿地公园跑一圈。

几个邻居说，罗久兴确实常去青龙湖湿地公园跑步，"都是一个人去，他能跑，就是跑得慢点嘛。"

各种跑步的队伍（杜建春 摄）

青龙湖湿地公园环湖跑道，成为见证社会主义物质文明和精神文明进步的一个标志。成都正高质量建设践行新发展理念的公园城市示范区，加快建设世界赛事名城，需要降低原有的房地产经济收益，提升生态收益目标。用有限的城市土地，建设能够满足市民贴近生态自然、享受健康生活、满足运动需求的公园绿道，是青龙湖建设的核心所在。市民们也随着物质条件的改善、生活方式的调整，将跑步运动作为新的追求，对跑步所用的鞋袜、服装、穿戴设备有了专业化需求；对跑步的道路、环境提出更高的要求，对跑步过程中的热身、呼吸、心率、距离和配速有了科学认识和有序计划。跑者在青龙湖环湖跑步中注意环境保持，与步行者、骑行者和谐并行，跑步后重视个人运动恢复、营养补充和环境恢复。这强化了科学跑步、无伤跑步、绿色跑步的理念。这种政府提倡和服务、个人追求、地方环境营造三者有机结合，培养了集体公共意识，培养了公园运动氛围，培养了跑者组织观念，培养了地区生态文化，率先建立了公园城市规划样板，东成十陵的实践为绿道建设积累了经验，这是中国绿色发展新面貌的构成之一。

十陵践行公园城市理念

附　录

成都大运村所在地
——龙泉驿区十陵街道蝶变升级深度观察

2023 年，习近平总书记时隔一年再次亲临四川视察指导，对新时代治蜀兴川提出"三个牢牢把握""四个发力"等重要要求，并出席成都大运会开幕式，指出"成都是中国最具活力和幸福感的城市之一""欢迎大家到成都街头走走看看，体验并分享中国式现代化的万千气象"。

我们走进成都的大街小巷，从一处处城市的细节中，去体验万千气象在成都的表达。我们首先来到的地方，就是"大运村所在地"——龙泉驿区十陵街道。

周末，市民高超带着儿子乘上地铁四号线；几乎同一时间，市民李薇和朋友正行驶在成都东西城市轴线上——出发的地点和使用的交通工具虽不同，他们的目的地却同是位于龙泉驿区十陵街道的大运村。

第 31 届世界大学生夏季运动会在成都发展史上留下浓墨重彩的一笔，赛事期间为 111 个代表团、7413 名运动员提供服务的大运村也在赛后成为游客、市民体验大运文化、感受中国式现代化万千气象的"打卡点"。

"爸爸，这个街道好特别，到处有运动的熊猫标志。"从十陵地铁站出来，高超的儿子小凡说。"这么繁华、这么现代化，和我几年前第一次来的时候比，十陵完全变样咯。"行驶在大运村外的马路上，李薇不由得感叹。其实，这也是不少市民首次遇见十陵、重新遇见十陵时，共同的体验和感受。近年来，全力以赴保障大运，十陵顺利完成大运村产教融合项目等 2 个批次、34 个大运项目，带动基础设施、便民载体、宜居环境项目投资 120 余亿元，推动城市有机更新；全力以赴拼经济保发展，十陵实现市场主体年均增长 1200 家，商贸、文旅等服务业加快发展，比重达 90%；坚持把生态价值考虑进去，十陵推动辖区绿地占比超过 52%，全年空气优良天数平均达 300 天以上，河道优良水体率达 100%……被国家体育总局评为"全国群众体育运动先进单位"，被工信部、民政部、卫健委评为"智慧健康养老应用示范街道"。

以善"治"之笔，绘出高质量发展的公园城市之美，在中国式现代化万千气象中，十陵奋力谱写属于城市街道的灿烂篇章。

01 遇见十陵城市之美
这里"园中建城、城中有园、城园相融、人城和谐"

从大运村出来，天色尚早，李薇和朋友决定在十陵再逛逛。"整个城市变得更干净了。"这是李薇最直接的感受。

"我几年前来的时候，甚至感觉这里像城乡接合部。"在李薇的回忆里，那时的十陵路面狭窄，建筑的外立面也因为老旧而斑驳，"街面上很少看到绿化，走了一天回家，鞋面都脏了。"

坚持"办赛""营城""惠民"，十陵大力推动城市品质提升，实现城市面貌从"脏乱"到"净美"的转变——治理搭建之乱。十陵全面开展"蓝顶"整治攻坚战，以一套整组拆迁、风貌整治、依法拆除、拆院并院、强力协调、整治大棚的组合拳，消除建（构）筑物 64 095.47 ㎡，消除蓝顶约 70 万㎡。

为优化环境之美。十陵打造灵龙路、石灵老街等市级"最美街道",营造两个市级"最美阳台",同时完成启蒙式小学、链条式街区、亲民化小区、示范性单位"四个一"示范点的打造……

自规划至建成,背后的故事,李薇无从知晓,但这丝毫不会影响她从街道颜值提升、人居环境优化的十陵收获更高、更好的幸福感和体验感。

从城市变化中获益的不仅是她。在优美的绿道上,十陵居民多了跑步运动的地方;清澈的东风渠畔,人们有了更好享受静谧时光的地方;在青龙湖,这个成都市中心城区最大面积的湿地公园里,每天都有来自四面八方的游客和市民前来亲近大自然……

今时今日遇见十陵,就能遇见"园中建城、城中有园、城园相融、人城和谐"的公园城市之美。

02 遇见十陵城市之韵
这里"历史积淀、文化交融、文明向善、活力涌动"

从大运村出来,小凡简直不敢相信自己已经走出大运村的范围,"外面的大运元素感觉不比村里差呢!"

的确,用心用情服务大运,整个十陵都烙上了深深的大运印记:马路上,提示运动员往返赛场的中英文双语乘车点仍在,让人们回想起大运会赛场的故事;街道旁,曾经被戏称为"大运村春熙路"的十陵左岸各项设施完整保留,成为居民、游客游览体验的胜地……

　　"今天的十陵，真的和大运文化有机融合在一起了。到处都是大运的相关标志和元素，就连规范停车的石墩上都能看到大运熊猫运动的图像。"高超感叹。

　　一边走一边看，高超和小凡来到一个社区，"爸爸，这个社区里爷爷们的口音好像有点特别。"正说着，小凡突然惊呼，"爸爸快看，这里有炮弹！"

　　原来，他们来到的江华社区，是我国三线建设时期一个军工厂的居住区。看他们对社区如此好奇，居民李大爷主动上前介绍起来，"我们社区的居民大部分都是以前军工厂的工人，从重庆和东北搬过来的。"回应小凡的口音疑问，李大爷笑着说，后来军工厂搬走了，居民退休后都留了下来，为了纪念，就把废弃的炮弹、设备改装成社区的景观，也让外面的人感受一下这里独特的军工文化。

　　事实上，除了大运文化和军工文化，在十陵，古老的明蜀文化和客家文化也给十陵添上丰富的色彩——在明蜀王陵，每天都有不少游客前来感受明蜀文化，从出土的文物和遗迹中感受古老的十陵故事；在朱熹宗祠，人们也能感受到独特客家文化留在十陵的血脉记忆……

　　遇见十陵，就能遇见"历史积淀、文化交融、文明向善、活力涌动"的人文城市之韵。

03 遇见十陵城市之治
这里"规划先行、多元参与、精细管理、科学治理"

李薇和高超都特别提到，在十陵漫步有一种"自在舒服"的感觉，"硬要说这'舒服感'是什么的话，我感觉是这里环境很干净、道路规划合理、设施安排科学，人也文明友善。"高超说，在漫步的过程中，他几乎没有看到任何垃圾，问路的时候居民也特别有礼貌……

正说着，高超看到了城市"舒服感"背后的一幕——在丝路风情街，一位居民用手机拍下一个商户乱停放机动车的一幕，几分钟后就有工作人员来到现场处理，街道很快恢复了原来的秩序。

拍摄的居民张阿姨解释，她刚刚是用"东成十陵随手拍"小程序把拍到的问题传上系统的，"这是我们十陵治理城市的秘密武器。"

原来，在十陵的高品质环境背后有一套科学的治理体系在发挥作用——把问题解决在初期，十陵持续完善"微网实格"体系，划分总网格 12 个、一般网格 85 个、微网格 572 个、专属网格 80 个，共建 341 个网格党组织，实现"人在网中走、事在格中办"，问题在网格中快速处理。

坚持人民城市人民建，十陵与驻区单位党组织结对 61 个，在新业态新就业群体中挖掘"红色哨兵""先锋骑手""社区义工"等系列活动，以"阿贵下午茶""宁江夜话"等群众喜闻乐见的方式鼓励多方力量参与城乡社区治理。

用科技的力量提升治理的质效，十陵以城运中心为中心，充分发挥可视化技术手段效能，"在我们系统覆盖的地方，违规停车、乱扔垃圾等问题都能被自动识别并提醒工作人员，从而实现问题更快速地解决。"十陵街道相关负责人说。

真正在十陵的街头走一走、问一问就能发现，遇见十陵，就能遇见"规划先行、多元参与、精细管理、科学治理"的智慧城市之治。

04 十陵三年蝶变
背后的密码

站在东风渠畔，看着静静的流水蜿蜒东去，我们不禁思考，短短三年，从一个市民眼中的城乡结合部蝶变国际化的高品质城区，什么是十陵背后的密码？

在与街道的工作人员、街道的居民深入沟通后，我们意识到，"忠""新""快""好""实"五个字，或许正是十陵背后成功的秘诀。

坚持勇担使命，忠诚履职——坚决贯彻落实中央、省委、市委、区委作出的重大决策部署，勇担重任，让十陵抓住了"大运村所在地"的历史性发展机遇；

坚持谋城惠民，城市更新——始终坚持以人民为中心的发展理念，十陵在保障大运的过程中，将人民的向往、人民的渴望兼顾起来，实现城乡面貌的焕然一新；

坚持民呼我应，快速治理——始终把人民群众急难愁盼的问题放在心上，十陵不断创新机制，以科技赋能，实现城市现代化治理体系和治理能力的大提升；

坚持深思熟虑，好谋而成——在重大决策之前，十陵总是深入调研内外环境的变化、城市发展的需要、人民心中的呼声，十陵才能做好科学决策，推动城市更高质量发展；

坚持凝心铸魂，笃行实干——十陵一以贯之推进干部队伍作风建设，锻造了一大批笃行实干、作风优良的干部队伍，确保各项工作落到实处。